GUIDE BELLES LETTRES

Collection

dirigée

par

Jean-Noël Robert

DES CIVILISATIONS

DU MÊME AUTEUR

El teatro quechua en el Cuzco, 2 tomos. Lima, Institut Français d'Études Andines - Centro « Bartolomé de Las Casas », 1995-2000

Parlons quechua. La langue du Cuzco.
Paris : l'Harmattan, 1997.

Karu ñankunapi. 40 cuentos en quechua y castellano de la comunidad de Usi (Quispicanchi - Cuzco)
Cuzco, Centro de Estudios Regionales Andinos « Bartolomé de Las Casas » - Institut Français d'Études Andines, 1999.

La littérature orale quechua de la région de Cuzco - Pérou.
Paris, Karthala – Langues O', 2004.

MENESES LAZON, Porfirio, *Contes du lever du jour. Achikyay Willaykuna.* Bilingue quechua-français. Nouvelles présentées et traduites par César Itier maître de conférences à l'INALCO. Paris, Langues et Mondes-L'Asiathèque, 2001.

CÉSAR ITIER

LES INCAS

LES BELLES LETTRES

DANS LA MÊME COLLECTION

Rome	par Jean-Noël Robert
La Chine classique	par Ivan P. Kamenarović
La Grèce classique	par Anne-Marie Buttin
L'Islande médiévale	par Régis Boyer
L'Inde classique	par Michel Angot
L'Empire ottoman, XVe-XVIIIe siècle	par Frédéric Hitzel
La Mésopotamie	par Jean-Jacques Glassner
L'Espagne médiévale	par Adeline Rucquoi
La France au Moyen Âge	par Marie-Anne Polo de Beaulieu
Les Khmers	par Bruno Dagens
La Russie médiévale	par Jean-Pierre Arrignon
Venise au Moyen Âge	par Jean-Claude Hocquet
Le Siam	par Michel Jacq-Hergoualc'h
Les Mayas	par Claude-François Baudez
Les Étrusques	par Jean-Noël Robert
Les Gaulois	par Jean-Louis Brunaux
La Birmanie	par Guy Lubeigt
L'Amérique espagnole	par Oscar Mazin
Le Viêtnam ancien	par Anne-Valérie Schweyer
La Perse antique	par Philip Huyse
Carthage et le monde punique	par Hédi Dridi
Le Japon d'Edo	par François & Mieko Macé
Byzance	par Michel Kaplan
La Palestine à l'époque romaine	par Caroline Arnould-Béhar
Québec	par Raymonde Litalien

À PARAÎTRE

Les Aztèques
Pétra et les Nabatéens
La Corée
L'Asie centrale de Tamerlan
Le Yémen et l'Arabie antiques

95, bd Raspail, 75006 Paris.

ISBN : 978-2-251-41040-1

Je remercie vivement Pierre Duviols dont les observations ont énormément contribué à améliorer cet ouvrage. Ma reconnaissance va aussi à Anne-Marie Hocquenghem dont les remarques ont beaucoup apporté notamment aux chapitres I et II. Matthieu Durand a généreusement donné de son temps pour la réalisation des cartes et Noël Poidevigne pour celle des illustrations. Qu'ils en soient aussi remerciés.

Crédits des illustrations

Editions Thames & Hudson : 28, 54, 59, 65. Ediciones PEISA : 32, 34, 74, 100, 116, 153, 162, 163. G. Herrera editores : 36, 74. Institut d'Ethonologie de Paris : 37, 38, 40, 75, 78, 87, 94, 97, 105, 108, 119, 146, 164, 167. University of Texas Press : 55. Oxford University Press : 55. Universidad Central de Venezuela : 56, 131, 155, 158, 161, 174, 175, 176. Harper and Brothers Publishers : 58, 154. Ediciones Corregidor : 63. Centro de Estudios Regionales Andinos : 152, 160, 161. Université of Iowa Press : 157.

Aucune autre civilisation de l'Amérique ancienne n'a été aussi chargée d'utopie aux yeux de l'Occident que celle des Incas. L'historien Garcilaso de la Vega, métis descendant des souverains incas, en a fait, dans ses *Commentaires royaux* (1609) lus dans toute l'Europe, le parangon d'un royaume où régnait un ordre juste et bienveillant, éclairé par un quasi monothéisme solaire que la Providence avait doté de l'essentiel des préceptes chrétiens. Au XVIIIe siècle, Mme de Graffigny, Voltaire et Marmontel célèbrent à leur tour les lois des Incas, dictées par la raison et l'équité. L'abbé Raynal croit les sujets de l'Inca prospères et comblés sous un régime collectiviste. Au XIXe siècle, l'empire inca apparaît à l'historien américain William Prescott comme « le plus doux des despotismes ». En 1928, José Carlos Mariátegui, fondateur du parti communiste péruvien, voit dans cette société une forme de communisme autocratique dont les survivances pourraient servir de fondement à un socialisme démocratique authentiquement andin. La même année, l'historien français Louis Baudin inverse le stéréotype pour dépeindre l'État inca, que lui aussi juge socialiste, comme un empire géométrique et froid où un « bureau central » pensait à la place d'une population plongée dans l'inertie mentale et la passivité. Aujourd'hui encore, la référence à un socialisme inca affleure de temps à autre dans les discours des hommes politiques des pays andins.

La place très particulière qu'occupe depuis quatre siècles l'empire inca dans l'imaginaire politique occidental trouve son origine dans les réflexions des Espagnols qui connurent l'État inca avant son effondrement. Plus encore que l'empire aztèque, conquis en 1521, l'empire inca suscita l'émerveillement des vainqueurs devant des

COMMENT UTILISER CE GUIDE ?

Il est, certes, possible de lire ce livre chapitre après chapitre, pour découvrir un panorama de la société inca ; mais il est aussi conçu pour que le lecteur puisse y trouver rapidement (et en extraire) des informations précises sur un sujet qui l'intéresse. Il est donc conseillé :

– de se reporter au sommaire : *chaque chapitre est divisé en rubriques (avec des renvois internes) qui permettent de lire, dans un domaine choisi, une notice générale. En outre, les autres rubriques du chapitre complètent l'information. Au début de chaque chapitre, une introduction situe le sujet dans une* *perspective différente, illustrant l'évolution de la société et des mentalités incas ;*

*– **d'utiliser l'index** à partir duquel, sur une notion générale, un terme technique, voire un personnage, il est possible de réunir, à travers l'ensemble du livre, plusieurs données complémentaires.*

***Une bibliographie choisie** permet, dans un premier temps, de se reporter à des ouvrages récemment parus pour y commencer une recherche. Tous offrent, sur le sujet qu'ils traitent, une bibliographie plus ou moins riche.*

Enfin, les tableaux de synthèse, les cartes et graphiques pourront aider à visualiser et mieux retenir les informations désirées. (Cf. table des cartes, plans et tableaux en fin de sommaire.)

infrastructures dépassant tout ce qu'ils connaissaient, d'immenses richesses stockées dans de vastes entrepôts et une organisation de la production et des échanges qui n'existait pas à une telle échelle dans l'Europe d'alors. On s'interrogea très tôt sur l'ordre politique et social qui avait rendu tout cela possible. Dès les lendemains de la Conquête, les Espagnols essayèrent de connaître les origines de l'empire inca. Dans certaines régions, leurs informateurs indigènes se souvenaient encore des royaumes, seigneuries et confédérations immédiatement antérieures aux Incas, souvent en guerre les uns contre les autres. Ce n'est qu'à l'orée du XXe siècle, avec les débuts de l'archéologie, que l'on commence à entrevoir la profondeur historique de la civilisation du Pérou ancien et à comprendre que l'empire inca ne fut que l'étape ultime d'un long processus de développement économique, social et culturel. Nous savons aujourd'hui que les Andes et leurs contreforts côtiers et amazoniens constituent l'un des plus anciens foyers de civilisation de la planète et que les premières cités et architectures monumentales du Pérou sont contemporaines de celles de la Mésopotamie ou de la vallée de l'Indus. Sur la côte comme dans les hautes terres, le manque de pluies semble avoir été un facteur essentiel dans l'émergence de sociétés hiérarchisées et centralisées, dont les dirigeants mobilisent la population pour la construction de canaux d'irrigation, de terrasses agricoles et de centres administratifs et cérémoniels. Cette élite à caractère fortement théocratique maintient l'ordre nécessaire au maniement et à l'entretien des infrastructures agricoles dont dépend l'existence des populations. C'est cette organisation rigoureuse et ce contrôle extrême de la force de travail par les dirigeants qui impressionnèrent les observateurs espagnols et firent passer l'empire inca, au XVIIIe siècle, pour un précurseur du despotisme éclairé et, au XXe siècle, pour un État providence ou un État totalitaire.

Dès les époques les plus reculées, la région andine, avec ses contreforts côtiers et orientaux, se présente comme un monde divers et pluriel, où de nombreuses petites formations ethniques et politiques coexistent parfois pacifiquement mais sont souvent en concurrence ou en conflit. Au-delà de ce morcellement, de la diversité des milieux et des langues et de la multiplicité des styles artistiques, ces sociétés possèdent une même base culturelle, issue d'une longue histoire de contacts et d'échanges. C'est ce cadre général que nous appelons « la civilisation du Pérou ancien ». Les Incas en sont les héritiers et intègrent pour la première fois l'ensemble de ces sociétés en une même organisation politique. Le terme d'« Incas » ne désigne que les quelques dizaines de milliers d'habitants de la petite vallée de Cuzco. Au cours des XIIIe et XIVe siècles, ceux-ci établissent leur suprématie sur leurs voisins immédiats, dans un rayon d'environ 70 km autour de leur petite cité. Ce n'est que vers 1400 qu'ils se lancent dans une série de conquêtes qui les conduiront à constituer le plus grand État ayant existé dans l'Amérique précolombienne. Au début du XVIe siècle, seuls les empires chinois et ottoman sont comparables par leur taille à l'empire inca, qui s'étend sur près d'un million de kilomètres carrés. 5500 km séparent ses frontières septentrionale et méridionale, soit une distance comparable à celle qui existait entre les extrémités de l'empire romain. Son territoire embrasse une partie de ce qui est actuellement l'Équateur, le Pérou et la Bolivie, ainsi que le nord-ouest de l'Argentine et la moitié septentrionale du Chili.

Nous savons aujourd'hui que les Incas et leurs prédécesseurs disposaient d'un véritable système d'écriture, les célèbres quipous, que nous ne sommes pas en mesure de déchiffrer. De nombreux documents rédigés en espagnol, en quechua et en aymara au cours du siècle qui suivit la Conquête nous permettent cependant d'approcher certains aspects de la vie dans l'empire inca. Ce sont d'abord les fameuses « chroniques », terme qui englobe à la fois les premières descriptions de l'empire faites par les conquérants (Miguel de Estete, Francisco de Jerez ou Pedro Pizarro, par exemple), qui accompagnent les récits de leurs « exploits », et les ouvrages proprement historiques produits par des Espagnols (comme Juan de Betanzos, Pedro Cieza de León ou Cristóbal de Molina, pour n'en citer que quelques uns) ou, plus rarement, des Métis (« L'Inca » Garcilaso de la Vega) ou des indigènes (Felipe Huaman Poma et Juan de Santa Cruz Pachacuti Yamqui). Rares sont les chroniques qui ont été imprimées du vivant de leurs auteurs. La plupart ont été découvertes et publiées entre le dernier quart du XIXe siècle et la première moitié du XXe. À partir des années 1950, les historiens commencent à exploiter aussi d'autres types de sources, également produites aux XVIe et XVIIe siècles : inspections administratives, litiges de terres, documents fiscaux et procès d'idolâtrie. L'analyse de ces documents fait alors voler en éclats quelques unes des certitudes que l'on avait acquises sur la base d'une lecture naïve des chroniques. Depuis les années 1960, les progrès de l'archéologie ont eux aussi profondément transformé notre compréhension de la société inca. En concentrant son attention sur l'organisation sociale, économique et politique d'un certain nombre de provinces, l'archéologie a montré en particulier que l'empire était loin d'être la réalité monolithique que l'on croyait – sur la foi des chroniques –, mais que l'interaction entre les Incas et des sociétés locales hétérogènes a suscité des modes de contrôle politique et d'exploitation économique très variés. L'ethnologie, qui étudie des sociétés vivant dans un milieu qui n'a guère changé depuis l'époque inca et qui ont hérité de traditions symboliques, de technologies et de savoirs anciens, nous aide à mieux comprendre le sens et la portée des informations contenues dans les sources historiques. Sous la bannière de l'ethnolinguistique, la philologie des langues indigènes, qui analyse les textes rédigés en langues quechua et aymara aux XVIe et XVIIe siècles – par exemple le vocabulaire des institutions sociales, politiques, économiques et religieuses anciennes –, a apporté ces dernières années des contributions importantes à notre compréhension de la société et de la culture de l'empire inca.

L'objectif de ce guide est d'introduire à une connaissance élémentaire du Pérou ancien tel qu'il se présente à l'époque inca. L'ouvrage est divisé en deux parties. La première (« Le Pérou »), sans doute la plus conventionnelle, synthétise les connaissances dont nous disposons actuellement en matière d'histoire et d'institutions sociales, politiques et économiques. La seconde (« Les Incas et leurs sujets ») s'efforce de comprendre comment sont organisés et pensés l'univers et la société en mettant en rapport aussi étroitement que possible l'organisation matérielle de la vie des hommes et les représentations idéelles qui lui donnent cohérence et vitalité. De nombreuses discussions et polémiques sont bien sûr ici passées sous silence, l'auteur prenant partie sans signaler les interprétations divergentes.

TRANSCRIPTION ET PRONONCIATION DES TERMES QUECHUAS

Les termes et les noms propres d'usage courant dans la bibliographie française sur les Andes (quipou, Inca, Cuzco, Cajamarca, Vilcabamba, Cochabamba, Machu Picchu, etc.) sont généralement écrits sous la forme que le français a directement héritée de l'espagnol avec, parfois, quelques aménagements. Les toponymes et ethnonymes d'interprétation incertaine en quechua, comme Huánuco ou Chanca, ou d'origine clairement non quechua, comme Quito, Huarochirí ou Tumbes, ainsi que les noms des sites et des cultures archéologiques (chimú, mochica, etc.) sont écrits tels qu'ils sont habituellement connus en espagnol. Par contre, nous avons transcris presque tous les noms communs et la plupart des anthroponymes et des ethnonymes dans le système graphique actuellement utilisé pour écrire le quechua et l'aymara, qui est presque phonologique. Tous les termes et noms transcrits de la sorte apparaissent en italique. Plutôt que de les transposer dans le système phonologique d'un dialecte moderne – comme le font beaucoup d'auteurs actuels –, il nous a semblé important de rester fidèle à la forme de quechua que parlaient les Incas. Ceux-ci reconnaissaient comme langue de prestige non pas le quechua pratiqué dans la région de Cuzco mais la variété qui était parlée sur la côte centrale et centre sud du Pérou – où se trouvaient les riches cités de Pachacamac et Chincha –. C'est elle qui servait à la communication au sein de l'État. Cette forme de quechua se caractérisait en particulier par un contraste de sifflantes /s/ - /š/. L'analyse philologique révèle cependant que les Incas la prononçaient à leur façon, c'est-à-dire en distinguant trois séries de consonnes occlusives et affriquées (simples, glottalisées et aspirées) là où le quechua de la côte et toutes les autres variétés de la langue n'avaient que des consonnes simples. Les traits glottal et aspiré avaient été transmis au quechua cuzquénien par la langue aymara, lorsque le quechua avait déplacé cette dernière dans la région de Cuzco. La forme de quechua que parlaient les Incas était donc un compromis entre un idéal qu'ils cherchaient à imiter, le quechua côtier, et le quechua de la région de Cuzco, lequel semble alors avoir été loin de jouir du prestige que lui ont donné les clercs de l'époque coloniale en en faisant la base de la langue de l'évangélisation.

Prononciation des consonnes

p, t, k, m, n et *l* se prononcent à peu près comme en français.

ch	comme en français tch (tchèque).
ch'	*ch* glottalisé (= accompagné d'une fermeture de la glotte entre l'articulation de la consonne et la libération d'air qui suit).
chh	*ch* aspiré (= accompagné d'une expiration).
h	proche du *h* de l'anglais (*hot*).
k'	*k* glottalisé.
kh	*kh* aspiré.
ll	identique au *ll* des variétés conservatrices de l'espagnol (*calle*).
ñ	identique au *gn* du français (*pagne*).
p'	*p* glottalisé.
ph	*p* aspiré.
q	en début de syllabe : son uvulaire occlusif, comme le *q* de l'arabe classique (*qur'an*) ; en fin de syllabe : son uvulaire fricatif.
q'	*q* glottalisé.
qh	*q* aspiré.
r	roulé comme dans l'espagnol *puro*.
s	proche du *s* sourd français (*sale*).
š	proche du *sh* dans l'anglais (*shop*).
t'	*t* glottalisé.
th	*t* aspiré.
w	proche du *w* de l'anglais (*word*).
y	proche du *y* du français (*rayon*).

Cependant, les consonnes occlusives /k/, /p/, /t/ et /q/ étaient prononcées de façon sonore (/g/, /b/, /d/, /ɢ/) lorsqu'elles étaient précédées d'une consonne nasale (/m/ ou /n/) : /tampu/ 'caravansérail' était ainsi prononcé [tambu] et /yunka/, [yunga]. De même, le terme /inka/ n'apparaît que très tardivement sous la forme <inca> mais est le plus souvent transcrit au XVIe siècle comme <inga>. Nous ne représentons pas ces sonorisations dans notre transcription puisqu'il s'agit de simples variantes combinatoires. Le lecteur pourra éventuellement prononcer les noms propres *Yupanki* et *Manqu* comme [yupangi] et [manQo], comme dans le quechua que parlaient les Incas, ou comme [yupanki] et [manqo], comme dans les dialectes modernes du sud, parmi lesquels celui de Cuzco.

Prononciation des voyelles

Comme les parlers actuels de l'Équateur, du sud du Pérou et de la Bolivie, la langue véhiculaire de l'empire inca possédait trois voyelles : /a/, /i/ et /u/. Les voyelles /i/ et /u/ du quechua ne sont jamais aussi fermées que les voyelles françaises *i* et *ou*, mais plutôt intermédiaires entre *i* et *é* et *ou* et *o*, respectivement. Pour des raisons articulatoires, elles s'ouvrent encore davantage à proximité de la consonne uvulaire /q/, au point de se rapprocher des sons *é* et *o* du français. Nous recommandons donc au lecteur de prononcer le *u* de *Wiraqucha*, par exemple, comme un *o* – [Wiraqocha] – plutôt que comme un *ou*, et les deux voyelles de *lluq'i* 'gaucher' comme *o* et *é*, respectivement – [lloq'e] – plutôt que comme *ou* et *i*.

SOMMAIRE

LE PÉROU

En quelques décennies, les Incas intègrent pour la première fois l'ensemble des peuples du Pérou ancien en un même ensemble politique. Leur empire ne dure qu'un siècle ou un siècle et demi avant d'être conquis par les Espagnols.

Grâce à un extraordinaire réseau de routes, de caravansérails et de centres administratifs, les Incas s'assurent le contrôle d'un territoire géographiquement fragmenté et d'une grande variétés d'écosystèmes et de sociétés.

Les Incas gouvernent les provinces conquises à travers les élites locales mais s'appuient sur des forces armées omniprésentes.

À l'instar des autres peuples du Pérou, les Incas pratiquent le culte des ancêtres, des montagnes et des astres.

Trois ou quatre langues véhiculaires assurent la communication au sein d'un empire où existe une extrême diversité linguistique. La civilisation andine a développé un système d'écriture fait de cordelettes portant des nœuds.

Les Incas créent dans chaque domaine artistique un style nouveau, qui ne déplace pas les traditions antérieures mais marque leur présence sur tout le territoire de l'empire.

Le mode de vie des peuples du Pérou ne change guère avec la domination inca. Les fêtes et les réjouissances sont étroitement liées à la réalisation de travaux collectifs et aux cérémonies religieuses.

ANNEXES

SOMMAIRE

CARTES ET PLANS, TABLEAUX, ENCADRÉS, ILLUSTRATIONS

Cartes et plans

Tableaux

Encadrés (extraits de textes)

LE PÉROU

L'empire inca

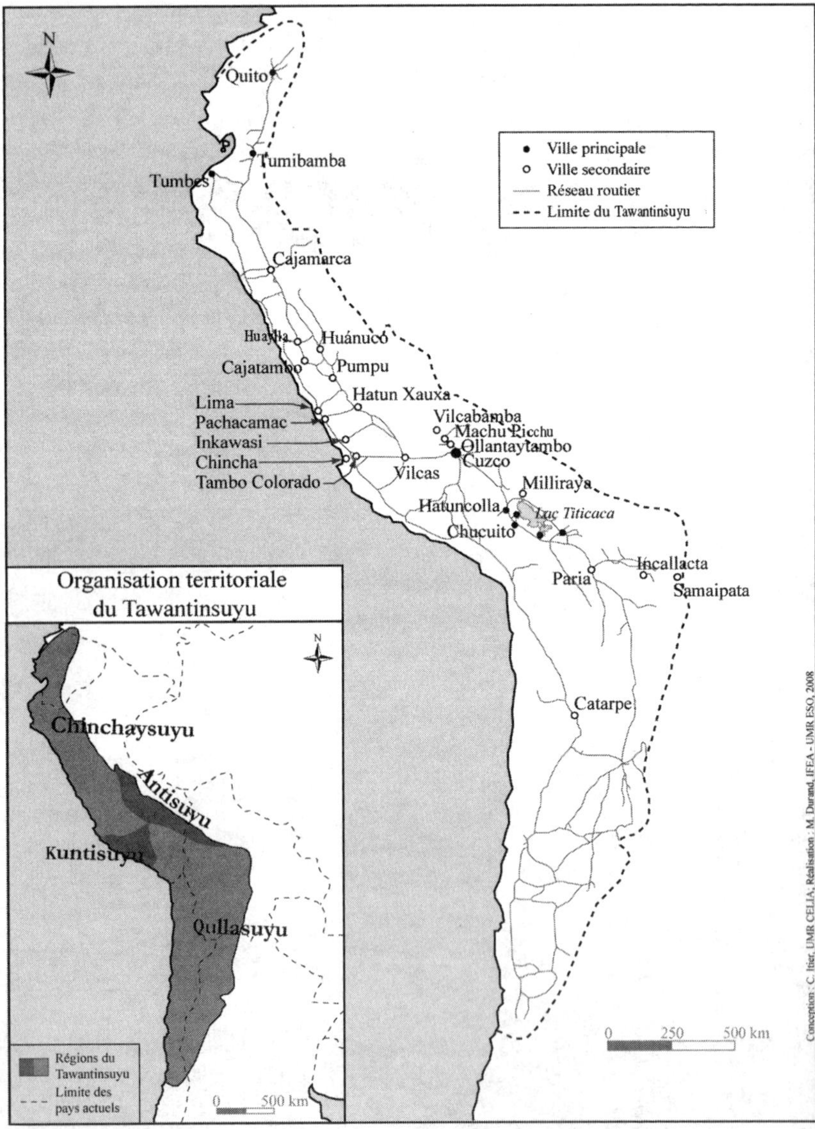

I

L'HISTOIRE

Toutes nos sources historiques sur l'empire inca sont postérieures à sa chute. Nous ne connaissons aucun document rédigé par une personne ayant grandi dans l'empire inca. Le système d'écriture que pratiquaient les anciens Péruviens (cf. Les quipous, chap. VII) n'est pas déchiffré à ce jour et les peintures où les Incas faisaient représenter leur histoire ont toutes été détruites dans les décennies qui ont suivi l'invasion espagnole. Notre connaissance de l'histoire inca dépend donc pour l'essentiel des chroniques (cf. Avant-propos) écrites au cours du siècle qui a suivi la Conquête. Leurs auteurs ont évidemment interprété les déclarations de leurs informateurs indigènes en fonction de leurs a priori culturels et idéologiques, voire des intérêts politiques auxquels ils étaient liés – ceux de tel ou tel vice-roi ou ordre religieux, par exemple –. Les Incas des débuts de la période coloniale ont eu tendance à transmettre à leurs interlocuteurs espagnols des versions de l'histoire favorables à leur propre lignage. Si l'on considère en outre qu'avant la Conquête, la mémoire historique était déjà soumise aux ajustements exigés par chaque souverain – comme la suppression dans la liste dynastique d'un prédécesseur évincé du pouvoir –, on comprendra aisément les difficultés que rencontrent les chercheurs modernes ne serait-ce que pour établir la trame fondamentale de l'histoire inca. **Les anciens Péruviens n'ayant pas tenu de comput des années** (cf. Temps de la société et temps du monde, chap. V), **nous ignorons jusqu'à la chronologie de l'expansion de l'empire.** Depuis les années 1980, l'archéologie a cependant apporté d'importantes contributions à notre connaissance de l'origine et du développement de l'État inca. Les datations au radiocarbone et à la thermoluminescence, par exemple, montrent que l'expansion de l'empire débute aux alentours de 1400, c'est-à-dire quarante plus tôt que ne le suggéraient les chroniques. Pour les périodes antérieures, nous ne disposons que des informations fournies par l'archéologie, qui peuvent être accessoirement combinées avec celles qu'offre la linguistique comparée et historique.

UN HÉRITAGE PLURIMILLÉNAIRE

L'empire inca s'est construit sur des millénaires d'adaptation au milieu, d'invention et de tradition. Les premiers hommes qui s'installèrent dans la région andine étaient des chasseurs cueilleurs venus du nord à une époque sur laquelle les spécialistes divergent. Vers 14000 av. J.-C., la présence humaine est en tout cas bien attestée dans **cette partie de l'Amérique du Sud**, qui **est** aussi **l'un des plus anciens foyers au monde d'apparition de l'agriculture**. Certaines plantes, comme le haricot et le piment, sont en effet déjà cultivées vers 8000 av. J.-C. La domestication du lama et de l'alpaga est achevée vers 3500 av. J.-C. Vers 3000 av. J.-C., pratiquement toutes les plantes connues à l'époque des Incas sont désormais cultivées. Mais c'est seulement vers 1800 av. J.C. que l'agriculture cesse d'être une ressource complémentaire de la pèche, de la chasse et de l'élevage pour devenir la principale activité économique.

La sédentarisation n'attend pas le passage à une économie pleinement agricole et les premiers villages permanents apparaissent dès 4000 av. J.C. sur la côte et dans les montagnes du centre nord du Pérou. **Vers 3000, les sociétés côtières commencent à bâtir des centres cérémoniels, avec les architectures monumentales les plus anciennes du continent**. La mieux connue de ces cités est Caral, dans la vallée de Supe, qui, entre 2600 et 1500 av. J.-C., se déployait sur 50 hectares. Sa fonction était surtout cérémonielle : à part quelques secteurs résidentiels et des greniers, ses 32 édifices peints étaient des plates-formes, des temples et des autels, dont six pyramides de très grandes dimensions. L'économie des sociétés qui construisent ces centres cérémoniels est fondée sur la pêche complétée par les débuts de l'agriculture d'irrigation et le commerce à longue distance avec les hautes terres et l'Amazonie. Un espace économique et culturel émerge ainsi dans **le centre nord du Pérou**, qui **constitue le noyau géographique initial de la civilisation andine.** La naissance de la civilisation y est rendue possible par une combinaison de facteurs écologiques et géographiques. D'une part, le courant froid de Humboldt, venu de l'Antarctique, apporte aux

Sites pré-incas mentionnés dans le texte

populations de la côte des ressources marines exceptionnellement abondantes. D'autre part, la chaîne des Andes est, dans cette partie du Pérou, à la fois relativement étroite et très élevée, ce qui favorise la complémentarité économique entre des sociétés exploitant des environnements à la fois proches et très différenciés. **Les échanges qui se développent entre ces sociétés aux productions variées leur procurent la sécurité alimentaire qui leur permettra un développement soutenu et prolongé.**

À partir de **2000 av. J.-C.** se généralise **l'usage de la céramique** qui marque le début de la période dite « formative ». Les centres cérémoniels se font plus nombreux et plus grandioses encore qu'à l'époque précédente – ils sont au moins 45 sur la côte –, tandis que se développent les systèmes d'irrigation. Pendant des siècles, c'est dans la vallée de Casma, toujours sur la côte nord centrale du Pérou, que le développement de la civilisation est le plus intense. Vers 500 av. J.-C., une **intensification des échanges à longue distance** se produit au sein d'une vaste zone s'étendant de Cajamarca à Ayacucho, au sein de laquelle on observe aussi l'affirmation de riches élites sacerdotales et une extraordinaire floraison artistique et architecturale. Le principal foyer culturel de cette époque est **Chavín**, dans les montagnes du centre nord du Pérou. Située en un lieu stratégique d'un point de vue commercial, cette cité diffuse ses styles artistiques et son iconographie religieuse – notamment le célèbre « Dieu aux Bâtons » – dans une grande partie du Pérou.

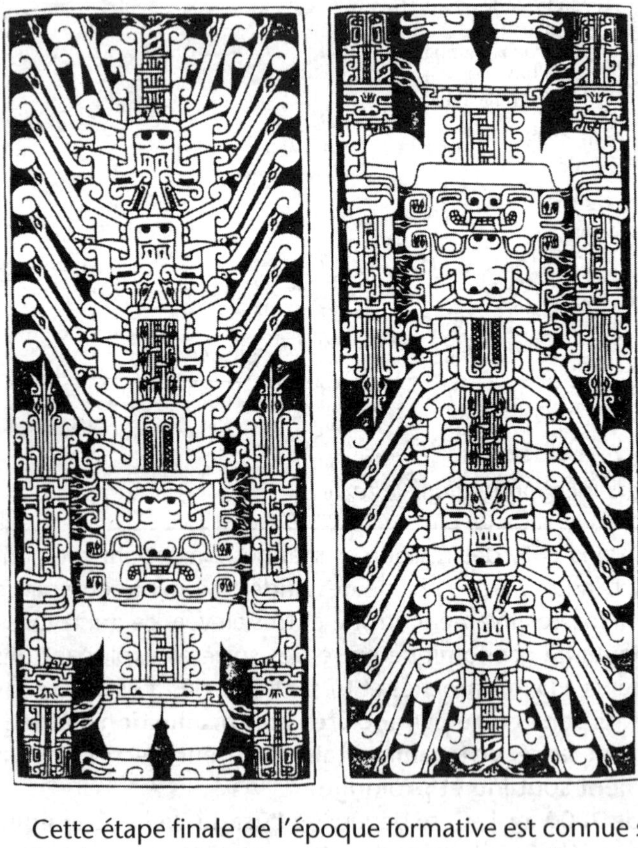

Le dieu au bâtons su une stèle Chavín

Cette étape finale de l'époque formative est connue sous le nom « d'**horizon ancien** », en raison du **processus d'homogénéisation culturelle** qui la caractérise.

Lorsque prend fin l'hégémonie culturelle de Chavín, vers 200 av. J.-C., les régions qui avaient été sous son influence entrent, pour environ sept siècles, dans un processus de différentiation culturelle connu comme « **période intermédiaire ancienne** ». Certaines des sociétés de cette époque s'engagent dans la construction de grands ouvrages hydrauliques. C'est sur la côte que se développent les cultures les plus brillantes, en particulier celles de **Vicús**, **Moche**, **Paracas** et **Nazca**. Mais certaines régions montagnardes connaissent également un remarquable essor, comme la vallée du fleuve Santa, où fleurit la culture **Recuay**, ou encore le nord du bassin du lac Titicaca, ou s'élève la cité raffinée de **Pucará**. Sur la côte nord du Pérou, la culture **Moche** semble avoir été partagée par les élites d'un ensemble de petits États aux relations souvent conflictuelles. Les fortins et les murailles qui jalonnent leurs territoires suggèrent que l'enjeu essentiel de ces conflits était l'eau. Sur la côte sud, dans la vallée de Nazca, le centre de pèlerinage de Cahuachi déployait sur 150 hectares ses pyramides et ses places monumentales. Ses constructeurs sont aussi ceux qui ont dessiné les fameuses **lignes de Nazca**, qui semblent avoir été destinées à servir d'espace cérémoniel.

Le VIe siècle ap. J.-C. voit se constituer deux vastes États montagnards, celui de Huari et celui de Tiahuanaco. C'est le début de « l'**horizon moyen** ». **L'empire huari**, dont la capitale se trouve près de l'actuelle Ayacucho, au Pérou, s'étend de la région de Cuzco à celle de Cajamarca. C'est **le plus vaste État d'Amérique du Sud avant l'empire inca**. À 2800 m d'altitude, sa capitale, Huari, est une des plus grandes villes ayant existé dans le Pérou ancien. Doté de fortifications de 10 à 12 mètres de haut et d'un système d'égouts, ce dédale d'édifices à plusieurs étages, en pierre et revêtus de stuc blanc, abritait une population estimée entre 35 000 et 70 000 personnes. Les bâtisseurs de Huari entreprennent aussi la construction d'un grand réseau de routes empierrées, antécédent direct de celui des Incas (cf. Routes, caravansérails et postes, chap. II), et de centres administratifs provinciaux, comme Piquillacta, près de Cuzco, Huillcahuain, dans la vallée du fleuve Santa, ou Viracochapampa, dans la province de Huamachuco. Cet empire s'effondre progressivement entre 800 et 1000 ap. J.-C.

Situé à 3850 m d'altitude, près des rives méridionales du lac Titicaca, **Tiahuanaco** ne devient un centre pleinement urbain que vers 350 ap. J.-C.. La cité prend progressivement le contrôle du haut plateau et, vers 550, commence à étendre son pouvoir hors du bassin du Titicaca. Son aire d'influence finit par englober les vallées côtières de l'extrême sud du Pérou et du nord du Chili, le désert d'Atacama, toute la *puna* sèche de l'ouest bolivien et les vallées des piémonts orientaux boliviens. 30 à 40 000 personnes habitaient peut-être à Tiahuanaco, auxquelles il faut ajouter les quelques 10 000 habitants de chacune des villes satellites situées à ses abords.

Quelques 250 000 personnes semblent ainsi avoir vécu dans la zone métropolitaine, dont 115 000 étaient des citadins. **Les Andes préhispaniques ne connaîtront plus par la suite, même sous les Incas, de processus d'urbanisation aussi poussés que ceux de l'horizon moyen**. Le caractère cérémoniel des édifices principaux de Tiahuanaco et l'imagerie essentiellement religieuse de son art, ainsi que la forte prédominance des objets religieux sur les objets militaires dans les sites qui lui sont associés, suggère que **le pouvoir de la métropole était davantage fondé sur ses atouts technologiques et son aura religieuse que sur un appareil militaire puissant**. Pour des raisons mal connues, Tiahuanaco et ses cités satellites sont abandonnés vers l'an 1000.

L'effondrement des grands États montagnards marque un retour à un développement plus autonome des sociétés locales. Commence alors la « **période intermédiaire tardive** ». Sur la côte de l'extrême nord du Pérou, entre les vallées de Sullana et Chicama, la culture **Sicán** prolonge brillamment l'héritage mochica. Vers le Xe siècle, cette société se lance dans la production massive de bronze arsenical (alliage de bronze et d'arsenic) qui remplace progressivement la pierre et l'os dans la fabrication des outils. Son immense capitale, Batán Grande, devient un centre métallurgique de première importance. Vers la même époque, les sociétés du bassin du lac Titicaca se mettent à produire un bronze fait de cuivre et d'étain. Les Andes centrales entrent alors dans un véritable âge du bronze qui constitue une nouvelle étape dans la conquête du territoire par les hommes : armés d'instruments aratoires en bronze, les paysans andins vont défricher davantage de terres, aménager plus de terrasses agricoles et creuser plus de canaux d'irrigation, abattre les forêts qui couvrent les versants orientaux des Andes.

Dans la première moitié du XIe siècle, Batán Grande est incendiée, peut-être par la population révoltée, et le pouvoir de Sicán s'effondre. Un peu plus au sud, vers 850 ou 900 ap. J.-C., les habitants de la vallée côtière de Moche fondent une nouvelle cité, connue aujourd'hui sous le nom de Chan Chan mais que les Incas appelaient *chimu*. Au cours des XIIe et XIIIe siècles, les habitants de Chan Chan, les **Chimú**, conquièrent un empire qui à son apogée s'étendait sur 1 300 km le long de la côte, depuis Tumbes jusqu'aux abords de Lima. Avec 20 000 ou 30 000 habitants et une surface de 20 km^2 entièrement construite en briques crues, Chan Chan est la plus grande ville de l'aire andine à cette époque. Sur la côte centrale du Pérou, la cité sanctuaire de **Pachacamac** exerce son autorité politique sur les vallées des fleuves Rímac, Lurín et Mala, et projette son aura religieuse sur une grande partie du Pérou. Plus au sud, le petit royaume de Chincha est lui aussi un État relativement puissant. **Dans les hautes terres**, par contre, **la chute des États de Huari et de Tiahuanaco a ouvert une période de conflits permanents entre une multitude de petites chefferies**. L'habitat s'est déplacé vers les hauteurs et s'est concentré et fortifié. Mais la plupart de ces villages perchés sont relativement éloignés des points d'eau, parfois par une heure de marche. Les capacités de défense de leurs habitants sont donc limitées, ce qui suggère que les opérations militaires de cette époque ne sont guère que de simples razzias. Tel est le contexte dans lequel va émerger la puissance inca.

L'ORIGINE DE L'ÉTAT INCA

Les chroniqueurs espagnols, suivant en cela leurs informateurs indigènes, font remonter l'expansion impériale inca à un événement miraculeux. Alors que les Incas n'étaient qu'un petit groupe d'agriculteurs occupant la vallée de Cuzco, en luttes constantes contre leurs voisins, ils auraient été attaqués par une ethnie étrangère à la région, les Chancas. Le vieux roi inca *Wiraqucha* se serait enfuit et un de ses fils, *Inka Yupanki*, que le roi n'appréciait pas, aurait pris héroïquement la défense de la cité, avec l'aide de quelques amis. Il aurait repoussé par trois fois l'offensive ennemie, avant de poursuivre les Chancas jusque sur leur territoire et de les anéantir. *Inka Yupanki* aurait alors été proclamé roi sous le nom de *Pachakuti* (« Retour d'Époque ») et *Wiraqucha*, exilé dans son domaine campagnard. À ces événements aurait succédé une série de conquêtes qui aboutissent en peu d'années à la formation de l'empire inca.

Les recherches archéologiques montrent que cette version des faits, que *Pachakuti* lui-même semble avoir érigée en histoire officielle, doit être fortement nuancée. Elles montrent notamment qu'au début du XVe siècle les Incas n'étaient pas une petite tribu en butte aux agressions de leurs voisins. En effet, aux alentours de 1200 ap. J.-C., la petite vallée de Cuzco se constitue en centre de l'économie régionale et commence à diffuser sa céramique dans toute la région.

Alors que dans les zones alentour l'habitat se replie sur les cimes et que les terres à maïs situées en fond de vallée sont souvent délaissées lorsque trop éloignées des zones d'habitation, les villages de la région de Cuzco ne sont pas fortifiés et l'exploitation des vallées pour la culture irriguée du maïs s'intensifie. Tout suggère que **les Incas ont négocié avec leurs voisins immédiats des alliances mutuellement bénéfiques, imposant progressivement leur hégémonie politique sur toute la région** et empêchant ainsi que s'y développent les conflits qui, ailleurs dans les Andes, opposent entre eux les villages.

Les datations au carbone 14 effectuées sur les sites contenant les premiers exemples d'architecture de type inca impérial dans la région de Cuzco montrent que celle-ci est antérieure à l'époque où a vécu *Pachakuti* et pourrait remonter à la fin du XIVe siècle. Les Incas se trouvaient donc déjà bien avant lui à la tête d'une puissance régionale, peut-être d'un embryon d'État. ***Pachakuti* ne fut pas le créateur unique et génial d'un grand État mais l'héritier d'une longue expérience de construction d'une hégémonie politique**. Il est cependant indéniable qu'il sut transposer cette expérience à une échelle inconnue de ses prédécesseurs.

Nous savons que la liste officielle des souverains ayant régné avant *Pachakuti* a été fixée par ce dernier. Cette généalogie royale, qui ne comprend que **huit Incas**, ne saurait être tenue pour tout à fait historique, même si la plupart des individus qui la composent ont existé puisque leurs descendants ont conservé leurs momies jusqu'au milieu du XVIe siècle. Elle exclut sans doute bon nombre de souverains dont le souvenir, trop lointain, n'importait plus guère aux enjeux du présent. D'autant que l'histoire des Incas ne pouvait se permettre d'être trop complexe dès lors qu'elle était destinée à être chantée lors des principales cérémonies publiques. La tradition rapporte que *Pachakuti* exclut de la mémoire dynastique son demi-frère *Inka Urqu*, qui avait régné brièvement avant lui.

Un vase de style killke (inca pré-impérial)

La dynastie des Incas

Manqu Qhapaq *Sinchi Ruq'a* *Lluq'i Yupanki* *Mayta Qhapaq* *Qhapaq Yupanki* *Inka Ruq'a* *Yawar Waqaq* *Wiraqucha*		Époque pré impériale (liste fixée sous *Pachakuti*)
Pachakuti *Thupa Inka* *Wayna Qhapaq* *Waškar*	 -1532	Époque impériale
Manqu Inka *Šayri Thupa* *T'itu Kuši* *Thupa Amaru*	1533-1545 1545-1558 1558-1571 1571-1572	Époque de la conquête Espagnole

L'EXPANSION IMPÉRIALE

La vie des souverains incas ne nous est connue que par les récits rédigés par les chroniqueurs de l'époque coloniale, la plupart espagnols, à partir des témoignages des membres de l'élite de Cuzco. Ces récits sont donc fortement marqués par les intérêts divers, notamment politiques, de ces chroniqueurs et de leurs informateurs. Malgré tout, la critique et le recoupement des sources permettent de reconstituer les grandes lignes de **l'expansion impériale inca**. Celle-ci **semble remonter au moins au règne de l'Inca *Wiraqucha*, c'est-à-dire au premier tiers du** XVe **siècle**. Cuzco rencontre alors un rival de taille, le royaume des *Qulla*, qui exerce son hégémonie sur un vaste territoire, au nord et à l'est du lac Titicaca. Sa capitale est *Hatun Qulla* et les grandes tours funéraires de Sillustani témoignent encore de la puissance de ses souverains. Peut-être les visées expansionistes des Incas vers le bassin du lac Titicaca étaient elles motivées par une volonté d'exercer un contrôle direct sur cette région productrice de bronze (cf. Un héritage plurimillénaire, chap. I). Ce métal était en effet un bien stratégique pour les Incas qui s'étaient lancés dans la conquête de nouvelles terres agricoles dans leur région et sur son piémont amazonien, et avaient donc un besoin croissant d'outils en bronze.

*Guerre des Incas contre les habitants de la forêt (*Anti*) sur un gobelet en bois peint d'époque coloniale*

Toujours est-il que les Incas font alliance avec les *K'ana*, qui occupent l'espace intermédiaire entre leur royaume et celui des *Qulla*, et les *Lupaqa*, voisins méridionaux et ennemis héréditaires des *Qulla*. Pris en tenaille, ces derniers sont vaincus par cette triple alliance dominée par les Incas qui établissent de cette façon leur présence sur le haut plateau.

Les Incas ont ensuite à affronter les Chancas qui peuplent la zone de l'actuelle Andahuaylas, à l'ouest de Cuzco. Aidés par les *K'ana*, ils sortent également victorieux de ce conflit. Cette guerre débouche sur une alliance entre les Incas et les Chancas, qui se lancent alors ensemble dans de nouvelles conquêtes.

Sans doute les Chancas ne furent-ils pas les seuls peuples à s'unir à ce moment-là à *Pachakuti*. L'expansion fulgurante de l'empire s'explique en effet en partie par l'habileté des Cuzquéniens à incorporer à leurs forces des contingents provenant des nations déjà conquises. Les forces militaires dont disposaient les Incas présentaient un caractère multiethnique, puisque chaque nation y formait son propre escadron et arborait son costume spécifique. **L'armée commandée par l'Inca apparaissait donc à ses ennemis moins comme celle des Cuzquéniens que comme celle d'une large coalition de nations.** La progression de cette « boule de neige » fut d'autant plus imparable que l'Inca prit soin de gratifier ceux qui s'étaient signalés au combat, de joyaux, de vêtements précieux, de terres, de bétail et, ce qui était plus recherché encore, d'épouses secondaires. Les bénéfices qu'un individu et un peuple pouvaient retirer de leur participation à l'entreprise impériale étaient donc bien supérieurs à ceux que procuraient les razzias pratiquées jusqu'alors. Les Cuzquéniens surent ainsi canaliser à leur avantage l'ethos guerrier qu'avaient développé les sociétés montagnardes pendant les siècles antérieurs. L'adhésion de certains peuples à l'empire se produisit parfois sans coup férir, car, avant d'entreprendre une conquête, les Incas combinaient menaces de destruction et de massacres et promesses d'avantages à ceux qui accepteraient leur hégémonie. Le royaume de Chincha, qui accepta de prêter allégeance à l'Inca, obtint ainsi un statut privilégié au sein de l'empire. À l'inverse, les habitants de Huarco, dans la vallée de Cañete, sur la côte centrale du Pérou, ou les Caranguis de la région de Quito, furent massacrés par les Incas après leur avoir longuement résisté.

Divisées par leurs rivalités, les chefferies montagnardes situées au nord-ouest de Cuzco sont rapidement conquises par *Pachakuti*, vers le milieu du XVe siècle. La seule véritable puissance que les Incas ont à affronter est celle que représente l'alliance entre le seigneur de Cajamarca – la riche vallée des Andes du nord du Pérou – et le souverain chimú, maître de toute la côte septentrionale. *Pachakuti* finit cependant par en triompher. Une fois atteint cet objectif décisif, il reprend le chemin de Cuzco par la côte, soumettant à son autorité les régions qui y échappaient encore. Il

Pacte entre l'Inca et le seigneur des Qulla *sur un gobelet en bois peint d'époque coloniale*

consolidera et étendra postérieurement ses conquêtes par d'autres expéditions vers le nord et vers le sud. Les années passant, *Pachakuti* cède le commandement de ces expéditions au fils qu'il a choisi pour lui succéder, *Thupa Inka*. **C'est à *Pachakuti* et *Thupa Inka* qu'est due la conquête de la plus grande partie de ce qui sera l'empire inca au moment de l'arrivée des Espagnols**, le successeur de *Thupa Inka, Wayna Qhapaq*, n'ayant effectué de nouvelles conquêtes que dans ce qui est aujourd'hui l'extrême nord de l'Équateur et l'est de la Bolivie.

Souverain inca en guerrier
sur un gobelet en bois peint d'époque coloniale

L'avancée des Incas sera stoppée, au sud-est, par la résistance des Chiriguanos, et, à l'extrême sud, par celle des Araucans (ou Mapuches) qui obligeront les Incas à fixer une frontière sur le fleuve Maule et à la border de fortins. Les territoires situés au-delà de ces frontières méridionales ne présentent de toute façon guère d'intérêt économique pour les Incas. Il n'en va pas de même pour le sud de l'actuelle Colombie, qui était riche et densément peuplé et dont les Incas semblent avoir envisagé la conquête lorsque se produisit l'invasion espagnole.

Wayna Qhapaq selon Felipe Huaman Poma (1615)

CRISE DE SUCCESSION ET INVASION ESPAGNOLE

Dans les premières années du XVIe siècle, *Wayna Qhapaq* s'installe dans le nord de l'empire, où il a fondé un « second Cuzco », *Tumipampa,* dans le sud de l'actuel Équateur. Il y demeurera jusqu'à sa mort, afin de mieux contrôler des régions stratégiques que ses prédécesseurs avaient eu beaucoup de mal à conquérir. Vers 1524-28, Il est emporté par une épidémie de variole, introduite par les Européens – déjà présents sur le continent – qui tue également le successeur qu'il s'était désigné. La royauté échoit alors à un de ses fils, *Waškar,* qui était demeuré à Cuzco. Peu d'années après, vers 1530, *Ataw Wallpa,* autre fils de *Wayna Qhapaq,* se soulève contre *Waškar.* Les causes de ce conflit sont encore mal connues. Les Incas étaient familiers des crises de succession, chaque interrègne se caractérisant par des luttes sanglantes entre les lignages de Cuzco pour le choix du futur souverain. *Thupa Inka* a peut-être été assassiné, tandis que *Wayna Qhapaq* semble avoir tué deux de ses frères pour assurer son trône. *Manqu Inka* agira de même avec deux des siens. ***Ataw Wallpa* parvient à rallier à sa cause plusieurs peuples de l'empire**, particulièrement de sa partie septentrionale, **entraînant le pays dans une guerre civile sans précédant**. Les forces du nord remportent une série de victoires sur les troupes de Cuzco et avancent rapidement vers le sud. Bientôt, 30 000 soldats de l'armée d'*Ataw Wallpa* franchissent le fleuve Apurímac. Après une défaite calamiteuse des Cuzquéniens, ils capturent *Waškar* aux abords de la capitale qu'ils investissent, pillent et dont ils massacrent la population.

Alors qu'*Ataw Wallpa*, qui était resté dans le nord, s'apprête à rejoindre Cuzco, il reçoit la nouvelle du débarquement des Espagnols à Tumbes, sur la côte nord du Pérou. Les Incas avaient eu connaissance de leurs incursions sur les confins septentrionaux de l'empire au cours de la décennie précédente. Cette fois, une troupe de 168 Espagnols s'introduit pour la première fois à l'intérieur des terres et approche de Cajamarca, où font halte *Ataw Wallpa* et une partie de son armée. Le 15 novembre 1532, la troupe commandée par Francisco Pizarro entre dans la ville. L'armée inca campe aux alentours pendant que le souverain profite des bains thermaux situés à quelques km. Pizarro envoie une ambassade auprès d'*Ataw Wallpa.* Ses émissaires invitent l'Inca à se rendre le lendemain à Cajamarca, afin d'y rencontrer leur chef. Les dehors amicaux de ces étrangers ne trompent guère l'Inca, qui a eu vent des pillages et des exactions qu'ils ont perpétrés sur la côte. L'après-midi du 16 novembre, le souverain se rend à Cajamarca en grand appareil, accompagné de certains des plus grands seigneurs de l'empire et de plusieurs milliers

Ataw Wallpa *prisonnier des Espagnols selon Felipe Huaman Poma*

de gardes armés, avec l'intention de capturer les intrus et de prendre leurs chevaux pour en faire l'élevage. Sans doute ne peut-il imaginer que ces étrangers constituent l'avant-garde d'un monde puissant, prêt à leur envoyer tous les secours nécessaires, et qu'ils ont donc décidé de prendre leur adversaire en otage. Pizarro et sa troupe se sont dissimulés dans les édifices entourant la place. *Ataw Wallpa* et les siens arrivent sur celle-ci, surpris de ne voir aucun Espagnol. Vicente de Valverde, moine dominicain, sort d'un des bâtiments et s'approche de l'Inca pour lui tendre un bréviaire. Après un bref dialogue, *Ataw Wallpa* jette cet objet, prêt à lancer ses hommes à l'attaque. À ce moment, les Espagnols sortent de leurs cachettes, montés sur leurs chevaux et portant armures et escopettes. Armés de lances et de massues, les fantassins d'*Ataw Wallpa* ne peuvent résister. **Les Chrétiens s'emparent de l'Inca et se livrent au massacre des milliers d'hommes qui l'accompagnent**, sans qu'un seul des leurs ait péri.

La capture d'*Ataw Wallpa* selon une lettre écrite par un soldat espagnol à son oncle (20/07/1533)

Ce seigneur [*Ataw Wallpa*] disposait de soixante mille hommes de guerre alors que nous n'étions que cent soixante, y compris le Gouverneur [Francisco Pizarro]. Nous avons cru que notre dernière heure était arrivée. La puissance de ces gens était telle que même les femmes se moquaient de nous et s'apitoyaient sur la mort qui nous attendait. Mais la suite des événements démentit ces mauvaises pensées. Le seigneur arriva avec sa troupe en armes à deux portées d'arbalète de l'endroit où nous avions notre camp et c'est là qu'il installa le sien. Il vint alors chez le Gouverneur avec quelques cinq mille hommes, tous en uniforme, pour voir quelle sorte d'hommes nous étions. Il était porté sur une litière ornée d'or, au milieu de cent autres seigneurs qui faisaient office de porteurs ou balayaient le sol sur le passage de la litière. Tous chantaient à l'unisson. Dès qu'ils furent près de nous, le Gouverneur s'élança avec toute sa troupe. Alors nous nous jetâmes sur eux, enlevâmes le seigneur et tuâmes la plupart des hommes qui l'entouraient ; puis nous fonçâmes sur les gens de guerre, armés de lances de 25 empans, et nous les écrasâmes. Nous en avons tué huit mille en deux heures et demie environ. Nous nous sommes emparés de beaucoup d'or et d'argent, de quantité de tissus et de beaucoup de monde.

Ataw Wallpa est désormais leur prisonnier.

En l'échange de sa libération, Pizarro exige une immense rançon en or et en argent. Dans l'espoir d'être libéré, *Ataw Wallpa* fait acheminer vers Cajamarca d'énormes quantités d'objets en métaux précieux. De leur côté, les Espagnols reçoivent des renforts depuis Panamá et acquièrent une meilleure connaissance de la situation politique du pays. **Comprenant que les étrangers cherchent une alliance avec *Waškar, Ataw Wallpa* fait tuer son demi-frère, que ses généraux retenaient prisonnier dans le sud**. N'ayant nullement l'intention de se contenter de la rançon et de quitter le pays, les Espagnols décident alors d'exécuter *Ataw Wallpa* pour traîtrise et fratricide et de se placer sous la protection des partisans du défunt *Waškar*. Face à ce retournement inespéré de la situation, ceux-ci recomposent en effet leurs forces. Désormais exposés au danger d'une attaque des armées d'*Ataw Wallpa*, les Espagnols quittent rapidement Cajamarca pour se diriger vers Cuzco. Alors qu'après diverses escarmouches avec l'armée de Quito les Chrétiens approchent de la capitale de l'empire, un jeune fils de *Wayna Qhapaq, Manqu Inka*, se présente à Pizarro comme le candidat choisi par les Cuzquéniens pour succéder à *Waškar*. Une fois dans la capitale, **Pizarro reconnaît *Manqu* « nouveau seigneur du pays »**.

Manqu Inka *selon Felipe Huaman Poma (1615)*

Le jeune Inca réunit une armée et consacre les premiers mois de son règne à repousser les forces quiténiennes vers le nord, avec l'aide d'un contingent d'Espagnols. Quito, qui était restée aux mains d'un général d'*Ataw Wallpa*, *Rumiñawi*, est conquise par une troupe espagnole assistée d'un important contingent de natifs de *Tumipampa*, les *Kañari*.

L'objectif de *Manqu* est d'utiliser l'aide des nouveaux venus pour établir sa suprématie sur l'empire et mettre fin à la crise de succession ouverte par la mort de *Wayna Qhapaq*. Mais l'acte officiel de la fondation espagnole de Cuzco, en mars 1534, le pillage des temples de la capitale, en mai de la même année, puis des tombeaux royaux, l'entrée dans l'empire de contingents d'Espagnols toujours plus nombreux et les affronts faits aux membres de l'aristocratie, font bientôt prendre conscience à *Manqu* et à son entourage de leur erreur d'appréciation. Ce qui leur était apparu comme la simple intervention d'un petit groupe d'étrangers dans un conflit intérieur prend désormais un caractère d'invasion. Les rapports entre le souverain et ses alliés espagnols se dégradent au point que ces derniers le font emprisonner deux fois pour exiger de lui une rançon. En avril 1536, profitant qu'une partie des conquérants se trouvent au Chili et à Lima, *Manqu* mobilise son armée et attaque Cuzco où ne sont cantonnés que 190 Espagnols. Cette rébellion en déclenche d'autres dans le pays et *Manqu* fait lancer l'assaut sur Lima dont les Espagnols ont fait leur capitale deux ans auparavant. Mais le siège de la cité côtière est un échec, car Francisco Pizarro y reçoit le renfort de nations alliées, notamment des *Wuyllu*, des *Wanku* et des *Kañari*, ainsi que des habitants de Lima et de la côte centrale dont les caciques s'étaient vus réclamer par les représentants de l'Inca un tribut impayé depuis plusieurs années. *Manqu* ne parvient pas non plus à prendre Cuzco car les Chrétiens reçoivent l'appui militaire des *Kañari* et des *Chachapuya*, tandis qu'au fil d'un siège qui dure une année *Manqu* voit déserter ses troupes qu'il n'a plus les moyens de sustenter. L'échec du siège de Cuzco, en 1537, marque la fin véritable de l'empire inca.

Discours de *Manqu Inka* à ses capitaines lors de son premier emprisonnement par les Espagnols, en 1535, selon son fils *T'itu Kuši* (1570)

Mes frères, mes fils. Je vous ai un jour réuni, comme aujourd'hui, pour que vous connaissiez une sorte de gens nouveaux arrivés dans notre pays, je veux dire ces barbus qui sont ici dans cette ville. Parce qu'ils me disaient qu'ils étaient des viracochas [cf. *Wari / Wiraqucha* et l'Éclair, chap. VI], ce qu'ils semblaient être par leur vêtement, je vous ai commandé que vous tous les serviez et respectiez comme ma propre personne et que vous leur versiez un tribut de ce que vous aviez dans vos terres, pensant qu'il s'agissait de gens reconnaissants et envoyés par celui qu'ils disaient être le Tecse Viracochan –qui veut dire Dieu–. Je me rends compte que tout s'est passé à l'envers de ce que je croyais. Sachez en effet, mes frères, que ces gens, comme ils me l'ont bien montré depuis qu'ils sont entrés dans mon royaume, ne sont pas fils du Viracochan mais du démon car, depuis qu'ils y sont, ils ont agi et agissent avec moi comme tels, comme vous pouvez le voir de vos propres yeux. Si vous m'aimez véritablement, je pense que vous ne pouvez manquer de sentir grande peine et chagrin en me voyant moi, votre roi, enchaîné et traité de cette manière sans l'avoir mérité, tout cela pour avoir mis dans mon royaume des gens de cet acabit, ce par quoi je me suis coupé moi-même la tête. Au nom de votre vie, si vous souhaitez me voir content, cherchez parmi vous le plus vite que vous puissiez quelque chose qui soit fait d'une quantité raisonnable d'or et d'argent, puisque ces gens aiment cela si passionnément, afin que je puisse échapper à cette humiliation et sortir de cette prison dans laquelle vous me voyez de vos propres yeux si abattu et affligé.

Manqu et quelques centaines d'Incas se réfugient dans la cordillère de Vilcabamba, au nord de Cuzco, une région boisée et au relief abrupt mais qui compte plusieurs petites cités, comme Vilcabamba, Vitcos, Pampaconas et Rangalla. *Manqu* ne dispose que de quelques milliers de guerriers montagnards et amazoniens et ne peut entraîner dans un soulèvement contre les Espagnols le reste de la population du pays, épuisée par des années de guerre et d'épidémies. **Les Incas s'efforcent plutôt de consolider à Vilcabamba un espace échappant à la domination étrangère,** combinant négociations avec le pouvoir colonial et attaques contre les Espagnols qui circulent sur la route reliant Cuzco à Lima. Mais toute l'élite inca ne fait pas le choix de la révolte. **Certains optent pour composer avec les nouveaux maîtres du pays**, afin de conserver une parcelle de pouvoir et de richesse. Pour quelques-uns, la présence étrangère est même l'occasion d'accéder à des positions auxquelles ils n'auraient pu prétendre auparavant. C'est le cas de *Pawllu*, choisi par les Espagnols pour succéder à son demi-frère *Manqu*, alors qu'il n'aurait pu normalement prétendre au pouvoir suprême car sa mère appartenait à l'élite d'un peuple conquis, les *Waylla*. Avec lui, les Espagnols prolongent la fiction d'une royauté inca, jusqu'à sa mort en 1549.

L'ordre colonial ne s'instaure que très progressivement. Un conflit armé ne tarde pas à éclater entre les conquérants, puis entre ceux-ci et le pouvoir royal lorsque ce dernier prétend les empêcher de se constituer durablement en seigneurs féodaux. Ces guerres se prolongent jusqu'en 1551 et la population autochtone, enrôlée dans l'un ou l'autre camp, en est la principale victime. Pensant exploiter les dissensions entre les conquérants, *Manqu* accueille à Vilcabamba des Espagnols rebelles au gouverneur envoyé par le roi d'Espagne. Fin 1544, il est traîtreusement assassiné par l'un d'eux. Son fils *Šayri Thupa* lui succède. Espérant obtenir la reddition des Incas de Vilcabamba, les autorités espagnoles entreprennent des négociations qui aboutissent, en 1558, à la « sortie » de *Šayri Thupa*, qui se voit gratifier d'un riche domaine près de Cuzco. Mais cet accord ne présente des avantages que pour les Incas car *Šayri Thupa* se retrouve doté de suffisamment de biens pour assurer richesse et prestige à ses proches et à ses descendants, tandis que les autres Incas, restés à Vilcabamba, conservent leurs capacités de nuisance. *T'itu Kuši*, qui succède à *Šayri Thupa* à la tête de Vilcabamba, intensifie d'ailleurs les activités politiques et militaires de la résistance inca. À sa mort, en 1571, il transmet le pouvoir à un autre fils de *Manqu*, *Thupa Amaru*. Mais l'année suivante, le Vice-roi Toledo lance contre Vilcabamba une expédition de 250 Espagnols assistés de plusieurs centaines de *Kañari* et de *Chachapuya*. *Thupa Amaru* est capturé et ramené à Cuzco où il est exécuté. La résistance inca de Vilcabamba prend fin.

Ceux des Incas qui survécurent à ces événements et aux épidémies furent dépossédés d'une grande partie de leurs biens par les conquérants. Dans une lettre à Charles Quint datée de 1539, l'évêque de Cuzco s'apitoie sur la détresse économique des enfants et petits enfants de *Wayna Qhapaq* : « Votre Majesté a l'obligation d'ordonner qu'on les pensionne car ils sont si perdus qu'ils font pitié à voir. » Dans les années suivantes, l'Empereur octroie aux descendants des souverains incas le statut de noblesse qui leur permet d'échapper au tribut et à la corvée qui pèsent sur les Indiens du commun. **Les Incas parviennent ainsi à se perpétuer encore trois siècles comme groupe ethnique et social spécifique**. C'est de leurs rangs que sortent les caciques sous l'autorité desquels vivent, pendant toute l'époque coloniale, les communautés de la région de Cuzco. Les autres membres de cette noblesse indigène résident en ville, où ils se consacrent aux professions artisanales.

La conquête de l'Amérique par les Européens entraîna une catastrophe démographique sans précédent dans l'histoire de l'humanité. On a estimé la population de l'empire inca vers 1520 à 12 ou 15 millions de personnes. Il n'en restait plus que 600 000 un siècle plus tard. Isolée de l'ancien monde depuis plus de cent cinquante siècles, la population autochtone manquait de défenses face à des maladies hautement contagieuses comme la rougeole, la variole, la grippe, le typhus, la peste et le choléra, et cette vulnérabilité immunologique fut accentuée par l'exploitation économique intense à laquelle le pouvoir colonial soumit ceux qu'il appellait « les Indiens ». Cette chute démographique se poursuivit jusqu'au début du XVIIIe siècle, lorsque débuta une lente récupération.

CHRONOLOGIE FONDAMENTALE

Avant les Incas

8000-3000 av. J.-C. : domestication des plantes et des animaux.

4000-1800 av. J.-C. : époque précéramique (construction des premiers centres cérémoniels sur la côte centrale).

Ca. 1800 av. J.-C. : l'agriculture devient la principale ressource économique dans le centre du Pérou.

1800-200 av. J.-C. : époque formative (développement de l'agriculture d'irrigation et multiplication des centres cérémoniels monumentaux).

500-200 av. J.-C. : horizon ancien (intensification des échanges interrégionaux et rayonnement culturel du site de Chavín).

200 av. J.-C. – 500 ap. J.-C. : époque intermédiaire ancienne (développement des cultures régionales Mochica, Recuay, Lima, Nazca, Huarpa, Pucará, Chiripa, etc.) .
500-1000 ap. J.-C. : horizon moyen (empires montagnards de Huari et Tiahuanaco).
1000-1400 ap. J.-C. : époque intermédiaire récente (renaissance de certains États régionaux, notamment sur la côte).

L'empire inca (horizon récent – ca. 1400-1532)

Ca. première moitié du XVe siècle : règne de *Wiraqucha*
Ca. milieu et troisième quart du XVe siècle : règne de *Pachakuti.*
Ca. dernier quart du XVe siècle : règne de *Thupa Inka.*
Ca. premier quart du XVIe siècle : règne de *Wayna Qhapaq.*

La conquête espagnole

Janvier 1532 : les Espagnols débarquent à Tumbes.
16 novembre 1532 : les Espagnols capturent *Ataw Wallpa* à Cajamarca.
26 juillet 1533 : *Ataw Wallpa* est exécuté par les Espagnols à Cajamarca.
14 novembre 1533 : les Espagnols entrent dans Cuzco.
18 janvier 1535 : fondation de Lima.
Fin avril ou début mai 1536 : début du siège de Cuzco par *Manqu Inka*. Incendie de la ville.
Août ou septembre 1536 : attaque de Lima par les troupes de *Manqu Inka.*
1537 : fin du siège de Cuzco par *Manqu.* Celui-ci se retire à Vilcabamba et *Pawllu* lui succède à Cuzco.
1544 ou 1545 : Assassinat de *Manqu* par un Espagnol auquel il avait donné asile.
1545 : *Šayri Thupa* succède à *Manqu* à Vilcabamba.
Mai 1549 : mort de *Pawllu.*
1558 : reddition de *Šayri Thupa. T'itu Kuši* lui succède à Vilcabamba.
1561 : Mort de *Šayri Thupa.*
1571 ou 1572 : Mort de *T'itu Kuši. Thupa Amaru* lui succède à Vilcabamba.
24 août 1572 : Capture de *Thupa Amaru* par les Espagnols.
22 ou 23 septembre 1572 : exécution de *Thupa Amaru* à Cuzco.

II

L'EMPIRE

Les peuples conquis par les Incas sont pour la plupart porteurs d'une même civilisation dont les contours géographiques peuvent être assez nettement définis. **Le domaine que les archéologues appellent « Andes centrales » englobe la côte, les montagnes et le piémont amazonien de l'actuel Pérou, les hautes terres de la Bolivie et l'extrême nord du Chili**. Il est borné, à l'ouest, par l'océan Pacifique et, à l'est, par la forêt amazonienne. Sa limite septentrionale coïncide avec le fleuve Tumbes (près de la frontière actuelle entre le Pérou et l'Équateur), la ligne de changement du régime des pluies (équatorial au nord, tropical au sud), et l'abaissement de la cordillère. Cette frontière écologique est doublée d'une barrière géographique : 400 kilomètres de montagnes tropicales boisées et au relief accidenté séparent Cajamarca, au Pérou, de Loja, en Équateur. Sur la côte, 200 km de désert séparent la vallée de Lambayeque de celle de Piura, dans le nord du Pérou. Aux confins méridionaux des Andes centrales, les hauts plateaux qui prolongent le bassin du lac Titicaca vers le sud se transforment progressivement en d'immenses étendues salées, presque inhabitées, qui débouchent, côté Pacifique, sur le vaste désert d'Atacama. La vallée bolivienne de Cochabamba, déjà séparée du haut plateau par plus de trois cents kilomètres de montagnes, est isolée des régions situées plus à l'est par la cordillère orientale bolivienne, très inhospitalière.

Ces frontières n'ont pas empêché les relations culturelles et économiques, voire politiques. Les échanges entre les Andes et l'Amazonie, par exemple, ont toujours été intenses et, en certains endroits, les Incas ont étendu leur domination jusqu'à la haute Amazonie. Ces limites définissent plutôt des espaces aux conditions géographiques suffisamment distinctes pour que s'y soient développées différentes manières d'organiser la vie. Les Espagnols ont très vite distingué ces

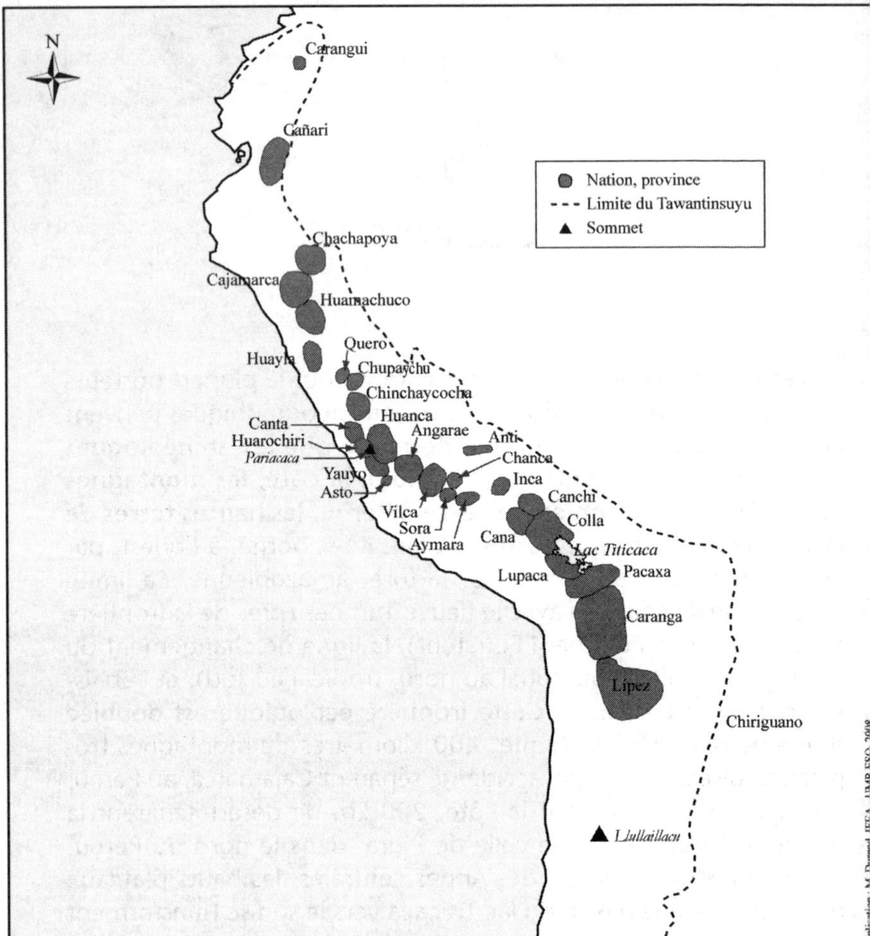

Nations mentionnées dans le texte

identités géographiques et culturelles. Ils ont donné le nom de « **Pérou** » à l'espace que nous venons de définir – du nom d'un lieu du littoral sud-colombien ou équatorien où une expédition fit une première reconnaissance dans les années 1520 –, le distinguant clairement des « **provinces de Quito** », correspondant à l'actuel Équateur (qui fait partie des Andes septentrionales), et du « **Chili** », domaine des Mapuches, qui fait partie des Andes méridionales. C'est dans ce sens que j'emploierai ici le mot « Pérou », en en excluant les deux tiers amazoniens de l'actuelle république du Pérou et en y incluant les hautes terres de l'actuelle république de Bolivie ainsi que le nord du Chili. **À l'exception des hauts plateaux méridionaux, les Andes centrales forment un territoire fragmenté.** Les vallées côtières sont séparées les unes des autres par des déserts de plusieurs dizaines de km de long. Les vallées andines sont souvent étroites, voire minuscules, et isolées les unes des autres par des versants escarpés ou des cordillères difficiles à franchir.

LES ZONES DE PRODUCTION

Dans les Andes centrales, un voyageur se déplaçant à pied de l'océan jusqu'à la forêt amazonienne peut rencontrer en l'espace de 200 km une très grande variété d'écosystèmes. **Une telle multiplicité et juxtaposition d'habitats divers est unique au monde et a déterminé des formes d'organisation économique et sociale particulièrement originales** (cf. Tendances à l'autarcie, chap. IV). Les Péruviens distinguaient, et distinguent toujours, trois grands types de milieux et zones de production, qui se distribuent selon un axe vertical. On appelle *yunka*, en quechua, les terres chaudes qui s'étendent de part et d'autre des Andes, jusqu'à une altitude de 1500 ou 2800 m, selon les endroits. Les vallées montagnardes tempérées, qui se hissent dans certaines régions jusqu'à 3500 m – limite supérieure de la culture du maïs –, reçoivent le nom de *qhichwa*. On appelle *puna* les steppes qui s'étendent, selon les latitudes, de 3000 ou de 3500 m jusqu'à 4800 ou 5200 m. Les gelées y interdisent toute irrigation. Aux alentours de 5000 m, la *puna* cède la place à des formations rocheuses dominées par les sommets enneigés et les glaciers, avec une végétation de lichen et de mousse. Plusieurs dizaines de pics dépassent 6000 m.

L'EMPIRE

Entre les sables d'Atacama et ceux de Piura, **la côte de l'Amérique du Sud forme une bande désertique où il ne pleut jamais**, à l'exception d'une légère bruine hivernale. **Les rivières qui descendent des Andes y forment des vallées-oasis** séparées par des distances de 20 à 60 km. Très étroites au sud, plus larges mais courtes au centre, ces vallées sont larges et profondes au nord où elles ont abrité certaines des sociétés les plus complexes et brillantes du Pérou ancien. Au fil des millénaires, les habitants de la côte ont développé un gigantesque réseau de canaux d'irrigation permettant la culture du maïs, de la courge, de la calebasse et du coton. Au dessus de 300 m, où il fait le plus chaud, on cultivait la coca – qui sert de stimulant et de coupe faim –, le piment et des arbres fruitiers produisant corossol, avocats, goyaves, lucumes et pacaes. Grâce à leur extrême richesse en plancton, les eaux froides qui baignent les côtes sont parmi les plus riches au monde en faune marine, laquelle a permis le développement d'énormes colonies d'oiseaux pécheurs dont la fiente, le guano, est utilisée comme engrais depuis des temps très anciens. Les piémonts orientaux des Andes étaient moins peuplés que la côte et les hautes terres mais présentaient un grand intérêt économique pour les montagnards qui y établirent des colonies. Ils y cultivaient la coca, le coton, la calebasse, le piment, la cacahuète et l'avocat. Ils en extrayaient des bois précieux, des résines et des matières odorantes et y ramassaient une grande partie des plantes utilisées par la pharmacopée indigène.

La population montagnarde se concentrait à l'étage tempéré *qhichwa*, entre 2500 et 3500 m, où l'on cultivait le maïs, les haricots et la quinoa, mais aussi des tubercules et une légumineuse appelée tarhui. Depuis longtemps, l'irrigation permet à ces agriculteurs de prolonger la saison agricole et de pallier la variabilité des précipitations. Les Incas ont fait construire des milliers de kilomètres de canaux qui s'ajoutent à ceux construits par les États qui les ont précédés. Ils ont accru partout le nombre de terrasses irriguées, car l'étage tempéré se situe pour l'essentiel sur des pentes et ne peut être pleinement exploité sans d'importants travaux d'aménagement.

Les *puna* sont des steppes couvertes d'une végétation de graminées et de cactacées qui occupent une grande partie de la superficie des Andes centrales. Y vivent des cervidés (*luychu* et *taruka*), des rongeurs, comme la gerboise (*wisk'acha*), un camélidé sauvage, la vigogne, et des prédateurs comme le renard ou le puma. Divers oiseaux animent les nombreux lacs qui s'y trouvent. Pour les hommes, **la *puna* est le domaine privilégié de l'élevage extensif** des lamas et des alpagas. Sur la frange inférieure de la *puna*, dans les dépressions abritées du gel nocturne, entre 3500 et 4000 m, on cultive des tubercules : pommes de terre (*papa*, dont 470 variétés ont été identifiées), oca, olluco, mashua, añu, maca, ainsi qu'une plante à grains, la *qañiwa*, et la quinoa. De Cajamarca à Cuzco, la *puna* se présente comme un ensemble de steppes ondulées. Plus au sud, elle forme de vastes plateaux autour des bassins lacustres qui s'étendent jusqu'à la province de Lípez, au sud de la Bolivie. Ces hauts plateaux définissent à l'intérieur des Andes centrales un espace spécifique dont ils sont le centre et que les Espagnols ont appelé « Charcas » puis « Haut Pérou ». Au cœur de cet espace se trouve **le lac Titicaca**, la plus haute étendue d'eau navigable au monde, dont les bords offrent le sol agricole le plus fertile du haut plateau. Car **l'énorme masse aquatique du lac tempère le climat de ses îles et de ses rives et y rend possible l'agriculture**. Les habitants préhispaniques des hauts plateaux avaient étendu les surfaces agricoles grâce à la technique des « champs inondés », qui crée une protection thermique autour des sillons. Cette technologie, qui permit le développement de Tiahuanaco, a disparu après la conquête espagnole. Dans la partie du Pérou située au nord-ouest de la ligne de partage des eaux entre le bassin du lac Titicaca et la région de Cuzco, la *puna* constituait un espace plutôt périphérique, relativement moins important d'un point de vue démographique et politique. Mais le peuplement relativement faible de ces *puna* ondulées ne doit pas masquer leur importance économique pour les populations installées en leurs contrebas : ces steppes abondaient en bétail, une des principales sources de richesse dans les Andes.

Les variations thermiques saisonnières sont faibles dans les Andes centrales et les saisons ne se définissent pas en mois « chauds » et en mois « froids » mais en fonction des précipitations. On y trouve **une saison des pluies, d'octobre à avril, et une saison sèche, de mai à septembre**. Les pluies sont abondantes sur le versant oriental, alors que le versant pacifique est beaucoup plus sec.

Les Andes septentrionales (les « provinces de Quito ») présentent un panorama géographique assez différent de celui des Andes centrales. La côte y est couverte de mangroves et de forêt tropicale, que les Incas trouvaient inhospitalières et qu'ils n'essayèrent pas véritablement d'intégrer à leur empire. Les prairies humides qui se déploient au dessus de 3500 m, bien que favorables à l'élevage des lamas et des alpagas, n'ont guère été exploitées à cette fin avant que les Incas n'y introduisent des troupeaux. Les vallées montagnardes, dont le paysage est semblable à celui de la *qhichwa* péruvienne, abritent depuis longtemps une haute densité de population d'agriculteurs, ce qui explique sans doute le très grand intérêt que leur portèrent les Incas. Nulle autre région pourtant ne leur offrit autant de résistance, sans doute parce que les sociétés des Andes septentrionales, qui s'étaient développées dans un milieu assez différent de celui de leurs voisines du Pérou, se distinguaient trop fortement de celles-ci d'un point de vue socio-économique et culturel pour s'intégrer facilement aux structures politiques et idéologiques que voulaient imposer les Incas.

L'EMPIRE DES QUATRE DIRECTIONS

Au moment de la conquête espagnole, **l'empire inca compte 10 à 12 millions d'habitants et comprend la grande chaîne de montagne la plus peuplée au monde**. Les Incas appelaient leur État *Tawantinsuyu*, qui signifie littéralement en quechua « les quatre bandes réunies » et que l'on traduit parfois comme « l'empire des quatre directions ». Le *Tawantinsuyu* était en effet divisé en quatre parties dont chacune s'étendait de part et d'autre d'une des quatre routes principales qui partaient de la capitale. En l'absence de cartes en deux dimensions, les Incas se figuraient l'espace qu'ils contrôlaient à partir des routes qui le structuraient et le long desquelles se trouvaient les centres administratifs et les caravansérails qu'ils avaient construits. Chacun des quartiers de l'empire était donc, pour les Incas, une « bande » définie par une de ces routes. Il en existait des « cartes » textiles, sous forme de quipous (cf. Les quipous, chap. VII), où chaque route était matérialisée par une cordelette le long de laquelle des nœuds figuraient provinces, villes ou caravansérails. La dénomination de *Tawantinsuyu* suggère également que les Incas prétendaient réaliser par leur domination l'unité d'un territoire qui se présentait comme une mosaïque ethnique et linguistique logée dans un espace géographiquement fragmenté. Les rites et les mythes qu'ont propagés les Incas tendent justement à faire apparaître Cuzco comme le centre sacré de ce monde réconcilié (cf. Temps de la société et temps du monde, chap. V).

Chacune des quatre directions qui constituaient l'empire était connue sous le nom d'un des groupes ethniques qui l'habitaient, lequel représentait les autres de façon métonymique. Au nord-ouest de Cuzco s'étendait le *Chinchaysuyu* ou « bande de *Chincha* », du nom d'un riche État côtier avec lequel les Incas avaient des relations séculaires. Au sud-ouest, s'étendait *Kuntisuyu* ou « bande des *Kunti* », un groupe important établi dans cette partie du versant maritime de la cordillère. Au sud, s'ouvrait le *Qullasuyu*, ou « bande des *Qulla* », peuple qui occupait le nord du bassin du lac Titicaca et avait longtemps été le principal rival des Incas. À l'est se déployait l'*Antisuyu* où vivaient, entre autres, les *Anti* que les Espagnols appelaient aussi « Andes ». Ils occupaient un massif couvert de végétation tropicale situé au nord-est de Cuzco et que les Espagnols nommèrent, en référence à ce peuple, la « cordillère des Andes ». Ce n'est qu'à une époque plus récente que ce terme fut étendu à l'ensemble du système montagneux que l'on désigne aujourd'hui de cette façon.

CUZCO

Située à 3450 m d'altitude, dans la vallée du fleuve *Watanay*, **Cuzco ne présentait pas un tissu urbain continu**. La capitale comportait un centre relativement exigu, situé au pied d'une colline et où se concentraient les bâtiments de prestige, et des faubourgs qui s'étalaient sur les contreforts de la vallée.

En effet, afin de maximiser la superficie cultivable, les Incas avaient pris soin de ne construire dans le fond de la vallée que des terrasses, des routes et des canaux. Les édifices du centre se serraient entre deux rivières canalisées, le *Watanay* et le *Tullumayu*.

On en estime la population à quelques 15 000 ou 20 000 personnes, essentiellement des membres de l'élite et leurs serviteurs. On y trouvait les palais des Incas défunts. Ils abritaient les momies des souverains et de leurs descendants, et contenaient, de même que les temples, une grande quantité d'objets d'or et d'argent, sous forme de vaisselle, de statues et de plaques ornant murs et toitures. La valeur de ces métaux n'était pas monétaire mais somptuaire, et leur usage, réservé à l'élite. Leur extrême accumulation dans la capitale contribuait sans doute à en souligner le caractère sacré. **Cuzco**

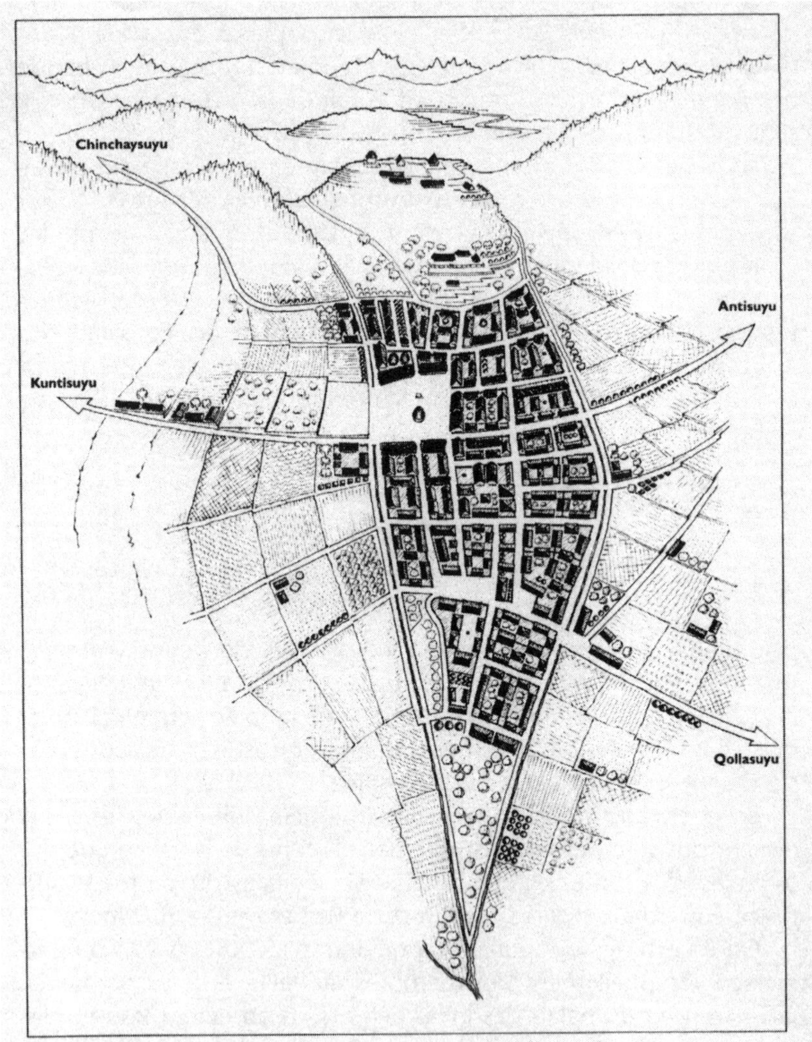

Le centre de Cuzco

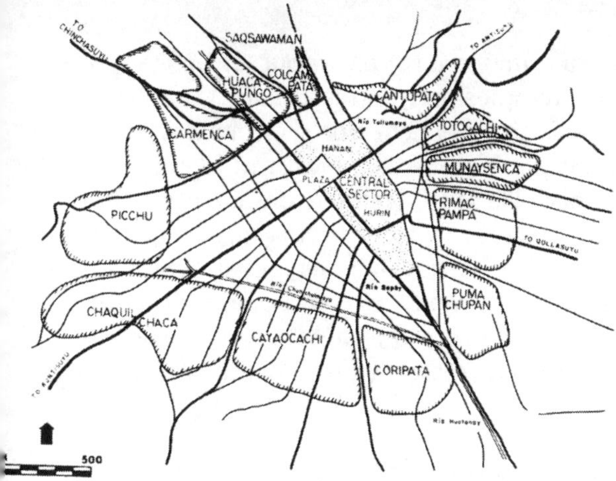

Cuzco et ses faubourgs

était donc avant tout une cité religieuse et une sorte de conservatoire de la mémoire des rois incas. Dieux et défunts y recevaient presque continuellement des offrandes en grandes quantités, consumant une partie non négligeable des rentes du souverain régnant. Juan Polo de Ondegardo, un fonctionnaire espagnol qui mena des enquêtes minutieuses sur les Incas dans les années 1550, définit ainsi la capitale : « Cuzco était la maison et demeure des dieux et il n'y avait pas, dans toute la ville, une fontaine, un passage ou un mur dont on ne disait qu'ils avaient leur mystère. » Lorsqu'ils la découvraient pour la première fois après avoir franchi un col, les voyageurs lui faisaient des prières et des offrandes.

L'élément de base de l'urbanisme inca est un ensemble d'édifices rectangulaires d'une seule pièce et d'un seul niveau disposés autour d'une cour. On l'appelait *kancha* « enclos » car il était généralement délimité par un mur d'enceinte percé d'une ou deux portes qui garantissait l'intimité de la vie qui se déroulait derrière lui.

Une kancha *à Ollantaytambo*

Cette structure était utilisée aussi bien pour les habitations que pour les palais et les temples, ces derniers étant les maisons des divinités. Les rues de Cuzco n'étaient que d'étroits passages entre les hauts murs qui enserraient ces complexes résidentiels ou religieux. Sur un côté de la ville se trouvait une grande place de 190 x 165 m. Elle était connue sous le nom de *Hawkaypata* (« place du repos ») car elle servait à de grands banquets rituels. Bordée sur un de ses côtés par la rivière *Watanay*, elle se prolongeait au-delà de celle-ci en une autre place, presque aussi vaste, qui s'appelait *Kušipata* (« place des réjouissances »), où se déroulaient les triomphes militaires.

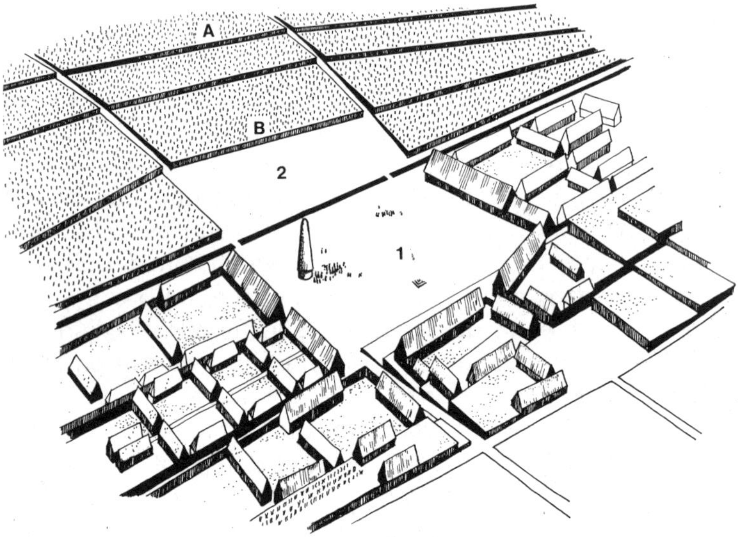

Perspective hypothétique des places de Hawkaypata *(1) et* Kušipata *(2) à Cuzco. A) Emplacement actuel de l'église de San Francisco. B) Emplacement actuel de la maison de Garcilaso*

Cuzco offrait un aspect relativement uniforme : la grande majorité des maisons, des temples et des palais n'avaient pas d'étage et tous les toits étaient en paille ; aucune construction semblable aux pyramides des Mexicains ne se détachait parmi ces volumes homogènes. C'est la topographie qui imprimait du mouvement à la texture urbaine : les édifices du centre étaient regroupés sur le promontoire séparant les rivières *Tullumayu* et *Watanay*, tandis que tout autour des quartiers s'étageaient à flanc de colline. Tout l'ensemble était dominé par l'énorme forteresse et temple de *Saqsaywaman*, juchée sur une colline au nord de la ville. Il n'en reste plus aujourd'hui que les pierres les plus grosses, celles que les Espagnols n'ont pu déplacer pour construire la ville coloniale.

Description de Cuzco par Pedro Sancho (1534)

La ville de Cuzco, qui est la principale de toutes celles qui servaient de résidences aux seigneurs, est si grande, si belle et contient tant d'édifices qu'elle serait digne de se trouver en Espagne. Elle est tout entière faite de demeures seigneuriales car il n'y habite pas de gens pauvres. [...] La plupart des grands édifices sont construits en pierre et les autres ont en pierre la moitié de leur façade. Il y a beaucoup de maisons de brique crue, disposées avec ordre le long de rues droites tracées en croix et toutes pavées. Au milieu de chacune d'elles coule une rigole construite en pierre. [...] La place, de forme carrée, se trouve dans la partie la plus plate et est entièrement pavée de petites pierres. Autour d'elle se dressent quatre demeures de seigneurs, en pierre taillée et peintes. La plus belle des quatre est celle de Guainacaba [= *Wayna Qhapaq*], le vieux cacique, dont la porte d'entrée est en marbre blanc, rouge et d'autres couleurs. [...] Au sommet d'une colline ronde et très abrupte surplombant la ville, se dresse une forteresse de pierre et de brique crue véritablement belle. Ses grandes fenêtres donnent sur la ville, ce qui la fait paraître plus belle encore. À l'intérieur de l'enceinte fortifiée se trouvent de nombreux édifices avec, au milieu d'eux, une tour principale en forme de cylindre à quatre ou cinq étages. [...] Les pierres [de la tour] sont si lisses qu'elles pourraient être des planches polies [...]. La forteresse a tant de pièces et de tours qu'une personne ne pourrait la voir complètement en un seul jour. Beaucoup d'Espagnols qui ont été en Lombardie et dans d'autres royaumes étrangers assurent, après l'avoir visitée, n'avoir vu aucun autre édifice comme elle, ni un château si bien fortifié. [...] La chose la plus belle que l'on puisse voir dans cette ville sont ces murailles. Elles sont construites avec des pierres si énormes qu'on ne peut croire qu'elles ont été mises là par l'industrie d'hommes ordinaires. Elles sont si grandes qu'elles semblent être des morceaux de montagnes rocheuses.

Les murailles de Saqsaywaman *selon George Squier (1877)*

La vallée du *Watanay* était très densément occupée. Sur ses contreforts, les Incas avaient construit des terrasses, des canaux d'irrigation, des complexes de greniers et de nouveaux villages où ils avaient installé des paysans amenés des provinces de l'empire. Il s'y trouvait aussi des demeures champêtres, patrimoines de personnages de l'aristocratie, et des temples. **On estime à 100 000 le nombre d'habitants de la capitale et de ses faubourgs.**

'Cuzco' (*Qusqu*) est un terme aymara (cf. L'aymara, chap. VII) signifiant « la chouette ». Selon le mythe inca de fondation de la cité, *Manqu Qhapaq*, en parvenant aux abords de la future Cuzco, aurait ordonné à l'un de ses frères, *Ayar Awqa*, de voler jusqu'à une borne de pierre située près de ce qui serait un jour l'Enclos Doré (*Qurikancha*) et de s'y poser afin de prendre possession du lieu. Ce que fit *Ayar Awqa*, se transformant en pierre à l'endroit indiqué. Ce monolythe fut connu dès lors sous le nom de *Qusqu Wank'a* « Rocher de la Chouette », très vraisemblablement parce qu'*Ayar Awqa* s'était transformé en cet animal pour parvenir jusqu'à cette borne. Il donna son nom à la cité qui se constitua peu à peu autour de lui et qui fut appelée plus simplement *Qusqu*.

LA RÉGION MÉTROPOLITAINE

Au-delà de la vallée du *Watanay*, dans un rayon d'environ 70 km, s'étendait le pays des Incas à proprement parler, celui dont ils avaient fait un État régional plusieurs siècles avant l'avènement du *Tawantinsuyu*. Protégé par le canyon de l'Apurímac, que l'on ne pouvait traverser que par des ponts suspendus, et adossé à la forêt amazonienne, ce pays était presque inexpugnable, sauf par la haute vallée du Vilcanota, domaine des nations *K'ana* et *Qanchi*, alliées des Incas.

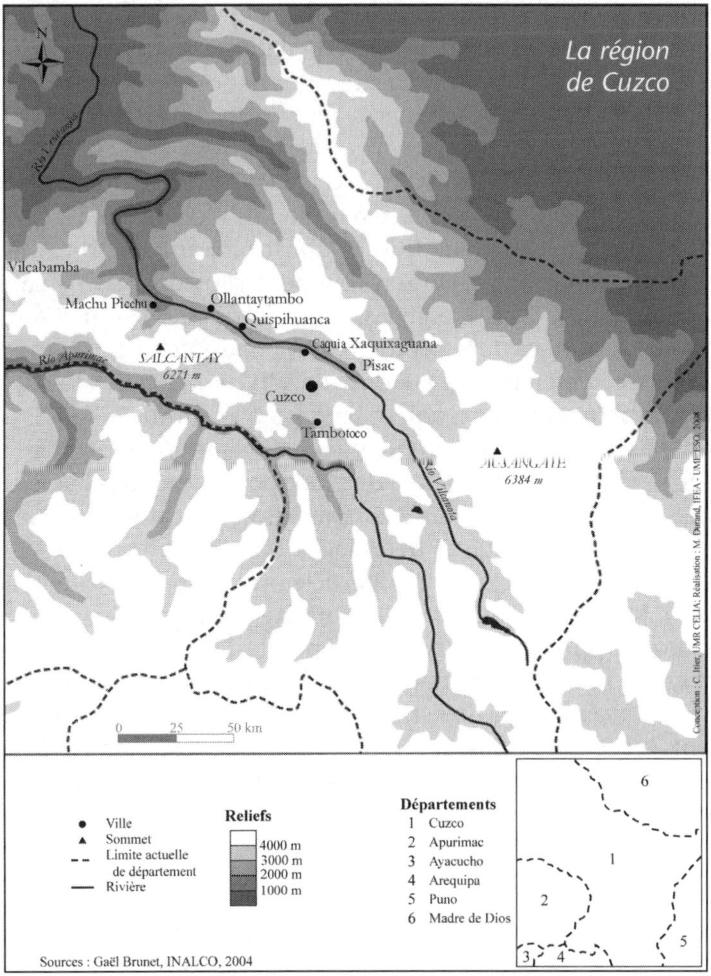

Tous les rois, depuis *Wiraqucha* jusqu'à *Waškar*, se sont fait construire des résidences de campagne dans la région, où le souverain et sa cour séjournaient pendant la saison sèche et froide. La zone favorite pour la construction de ces palais champêtres était la vallée du Vilcanota, au nord de Cuzco, entre Pisac et Machu Picchu, proche de la capitale mais qui jouissait d'un climat beaucoup plus clément. Toutes ces résidences comportaient des ouvrages hydrauliques très élaborés : des fontaines sculptées alimentaient des cascades au moyen de canaux ainsi que des lacs artificiels dans lesquels se reflétaient les édifices, au milieu du bruissement des eaux. Tout autour s'étendaient des parcs forestiers et des réserves de chasse. Il existait au moins 18 de ces domaines dans la région de Cuzco. Un des plus élégants est le palais de *Qišpiwank'a*, construit par *Wayna Qhapaq* près de l'actuel bourg d'Urubamba, à une altitude de 2800 m. La situation géographique de *Qhaqya Šakšawana* (actuel *Huch'uy Qusqu*), qui appartenait à l'Inca *Wiraqucha*, est une des plus impressionnantes, à 3650 m, sur un surplomb dominant de 600 m la vallée du Vilcanota. Mais **le domaine royal le plus célèbre est Machu Picchu**, situé à trois ou quatre jours de marche de Cuzco. Construit par *Pachakuti*, Machu Picchu pouvait abriter confortablement plus de 750 personnes dans ses quelques 200 édifices. Nourriture et boisson semblent avoir été apportées de la capitale car Machu Picchu comporte peu de terrasses de culture et aucune maison de paysans, elle n'a pas d'infrastructures de stockage et on n'y a pas retrouvé d'outils agricoles. Les soldats et les intendants campaient vraisemblablement autour de la cité. La résidence de l'Inca comportait des bains et un jardin, comme ailleurs, par exemple à Cajamarca. Mais l'essentiel de l'activité de la cour se déroulait à l'extérieur, sur la place qui occupe près d'un tiers de la superficie du site (si on exclue les terrasses). **Machu Picchu semble avoir été principalement destiné à renforcer, pendant la saison sèche, les liens sociaux entre les Incas, par le moyen de banquets et de cérémonies religieuses**. *Pachakuti* savait combien les rivalités et les conflits étaient fréquents au sein de l'élite et a sans doute voulu créer un environnement splendide et harmonieux où adorer les dieux et profiter de la vie afin de souder autour de lui les familles les plus puissantes de Cuzco.

LES CAPITALES PROVINCIALES

Les Incas ont créé de toutes pièces quelques 80 centres administratifs et cérémoniels sur des emplacements nouveaux, destinés à servir de capitales provinciales. La plupart étaient situés à quatre ou cinq jours de marche les uns des autres. Ces centres comprennent toujours une très grande place, rectangulaire ou trapézoïdale, où la population de la province était périodiquement invitée à festoyer aux frais de l'Inca, en remerciement du travail fourni au souverain. En ces occasions, des cérémonies religieuses permettaient de renouveler le pacte scellé entre l'Inca et ses sujets. Les rites d'offrandes aux divinités étaient effectués sur une plate-forme surélevée (*ušnu*) de sorte que la foule réunie sur la place puisse y assister.

*La plate-forme cérémonielle (*ušnu*) de Pumpu (*Chinchaysuyu*)*

Plus que de véritables villes ou même que des centres administratifs, les cités incas étaient donc des « centres de générosité ». Elles ne comportaient pas de marché et, la plus grande partie de l'année, seuls quelques-uns de leurs édifices étaient habités. Ces villes « artificielles » ont d'ailleurs rapidement été abandonnées après la conquête espagnole. On estime ainsi la population permanente de *Hatun Šawša*, une des plus grandes capitales provinciales, à seulement 7000 personnes. Mais lorsqu'elle se remplissait de population pour l'accomplissement des rites qui célébraient la réciprocité impériale, elle prenait des allures imposantes. Le conquérant espagnol Miguel de Estete, qui a vu cette cité en une telle occasion, en 1532, pensa qu'il s'agissait d'une des plus grandes villes de tout le continent. Hernando Pizarro, qui la traversa en 1533, affirme, sans doute avec quelque exagération, y avoir vu 100 000 « Indiens de service » y festoyer et danser. Ces « villes » comprennent généralement une résidence royale, où l'Inca loge lorsqu'il est de passage, ainsi qu'un temple du Soleil et une « maison des femmes choisies » (*akllawasi*), où habitent et travaillent de façon permanente des femmes se consacrant au culte du Soleil et à la fabrication de bière de maïs et de vêtements pour les cérémonies (cf. Production spécialisée et services, chap. IV).

Huánuco est sans doute la mieux conservée de ces capitales provinciales. À 3700 m d'altitude, sur la route qui relie Cuzco à Quito, cette cité s'organisait autour d'une énorme place (520 x 360 m) capable de recevoir un très grand nombre de personnes.

*Plan de Huánuco (*Chinchaysuyu*)*

Au centre de cet espace, se dressait une grande plate-forme qui servait de scène pour des cérémonies d'offrande que tout le public pouvait ainsi observer. En cas de pluie, les ripailleurs se réfugiaient dans les grands bâtiments de forme allongée qui entouraient la place et y poursuivaient leurs réjouissances. Une série de rues irradiaient de la place et divisaient la cité en des « portions de camembert » qui s'étendaient sur 2 km^2 et comprenaient environ 4000 édifices, tous d'architecture typiquement inca. Sur une colline toute proche se trouvaient environ 700 greniers qui servaient à l'approvisionnement des armées et des occupants périodiques.

Le centre administratif de Uma Porko (Qullasuyu)

De tels centres se rencontrent surtout dans les hautes terres et dans la partie médiane du *Tawantinsuyu*. Les Incas n'ont construit que deux cités sur la côte : Incahuasi, dans la vallée de Cañete, et Tambo Colorado, dans celle de Pisco. Aucune ville inca n'existe sur le territoire de l'ancien empire chimú, à l'exception peut-être de Tumbes dont il ne reste plus rien. Dans le *Qullasuyu*, les Incas ont construit beaucoup moins de centres administratifs que dans les hautes terres du *Chinchaysuyu*, préférant réoccuper des établissements antérieurs comme *Hatun Qulla* ou Chucuito. À l'extrême sud de l'empire, dans les régions appartenant aujourd'hui à l'Argentine et au Chili, où la population était très peu dense et dont les seules ressources de valeur étaient les pierres précieuses – notamment l'obsidienne du Chili –, les Incas n'ont fait construire que des caravansérails.

ROUTES, CARAVANSÉRAILS ET POSTES

La réalisation matérielle la plus impressionnante des Incas est probablement leur réseau routier. En 1532, Miguel de Estete, qui participait à l'expédition de Pizarro, remarquait à propos de son tronçon principal, celui qui unissait Cuzco à *Tumipampa* : « C'est une des plus grandes constructions qu'on ait vu dans le monde. » En moins d'un siècle, les Incas avaient créé quelques 40 000 km de routes pour une grande part empierrées. C'est le réseau routier le plus important ayant existé avant l'ère industrielle. Bien qu'en l'absence d'animaux de trait, donc de véhicules à roues, ces voies n'étaient empruntées que par des piétons et des caravanes de lamas, seules des routes empierrées pourvues d'un système de drainage pouvaient permettre une circulation fluide et constante sur les versants escarpés de la cordillère chaque année ravagés par des pluies torrentielles. D'autant que, dans les Andes centrales, les noyaux de peuplement sont séparés les uns des autres par des zones presque inhabitées présentant d'importants obstacles à la circulation : déserts, cordillères, pentes abruptes, zones boisées. Un État ne pouvait donc fonctionner sans une infrastructure rendant possible un déplacement relativement facile et rapide des armées, des représentants du pouvoir, de la main-d'oeuvre corvéable et des biens. Plus qu'un réseau de voies au service de la collectivité, les routes incas sont d'ailleurs un moyen pour l'État d'exercer son contrôle sur le territoire en y faisant circuler facilement ses troupes et ses représentants. **Ce réseau, appelé *qhapaq ñan* « route royale », était l'expression la plus palpable et omniprésente du pouvoir inca**. Le tronçon principal constituait l'épine dorsale de l'empire et mesurait en certains endroits plus de seize mètres de largeur. Mais d'une manière générale, la largeur des routes incas était de un à quatre mètres et elles pouvaient se transformer, selon le relief, en une volée d'escaliers. Deux autres tronçons revêtaient également une importance particulière : celui qui reliait Cuzco aux provinces méridionales et celui qui longeait la côte. Des voies transversales unissaient ces axes longitudinaux ou bien pénétraient vers les piémonts orientaux. Dans le désert côtier, le sable recouvrant tout tracé éventuel, les chemins étaient marqués par des bâtons plantés dans le sol à intervalles réguliers.

Divers types de ponts permettaient de traverser rivières et canyons. L'empire comptait des centaines de **ponts en**

Le pont sur le fleuve Apurímac selon George squier (1877). Squier est un des derniers voyageurs à avoir vu ce pont inca de 45 m de long entretenu jusqu'à son époque par les communautés environnantes

fibres tressées, dont les techniques de fabrication étaient très sophistiquées. Suspendus à de gros câbles en paille tissée fixés à des contreforts en pierre, ils offraient un passage relativement facile aux troupeaux et aux armées.

Là où la circulation était plus faible, on traversait les rivières sur une nacelle suspendue à un câble. Des ponts de pierre ou de bois permettaient de franchir les passages plus étroits.

Ces routes étaient jalonnées par des *tampu*, sortes de caravansérails situés tous les 15 à 25 km environ, c'est-à-dire une journée de voyage pour une caravane de lamas. Les voyageurs y trouvaient gîte et nourriture, ainsi que des enclos et du fourrage pour leurs bêtes. On en estime le nombre à 1000, voire 2000, dans tout l'empire. Leur taille, leur plan et leur architecture variait énormément en fonction de leur importance et des fonctions supplémentaires qui pouvaient leur être dévolues, comme celle de centre administratif dans les zones où n'existaient pas de capitales provinciales, comme c'était le cas dans les confins méridionaux de l'empire, par exemple à Catarpe, dans l'oasis de San Pedro de Atacama (dans le nord du Chili actuel).

Sur la plupart des routes, à un intervalle de 1 à 8 km, selon la nature du terrain, un messager appelé *chaski* (« qui passe de main en main ») vivait avec sa famille. Il était chargé de transmettre en courant des messages ou de petits objets que lui apportait le *chaski* stationné au poste précédant. Un message pouvait ainsi parvenir de Lima à Cuzco en seulement trois jours, alors que ces villes se trouvent à 750 km l'une de l'autre. Le destinataire et le lieu de destination étaient indiqués oralement mais le message était contenu dans un quipou (cf. Les quipous, chap. VII).

III

L'ORGANISATION SOCIALE ET POLITIQUE

Deux classes constituent fondamentalement la société andine à l'époque inca : les gens du commun, qui accomplissent la corvée ou paient le tribut, et la noblesse, qui en bénéficie. Cette dernière est constituée par les élites traditionnelles des peuples conquis et par les Incas eux-mêmes dont est issue la véritable classe dirigeante de l'empire. Les différences entre ces deux classes sont en principe très marquées, au point que les élites revendiquent une origine différente de celle des gens du commun. Les Incas, par exemple, se proclament descendants du Soleil et considèrent les caciques comme issus de l'étoile du matin. La réalité était cependant plus complexe. Ceux parmi les caciques qui exerçaient leur autorité sur un seul lignage étaient sans doute, par leur mode de vie et même leur statut, bien plus proches des gens du commun que de l'aristocratie inca. D'autre part, les nations de la région de Cuzco, depuis longtemps alliées des Incas, s'étaient vu reconnaître le statut « d'Incas de l'extérieur » (*hawa inka*), jouissant de privilèges que n'avaient pas les peuples conquis. Les Incas recrutaient en leur sein une grande partie de leur personnel administratif subalterne. Du point de vue de son organisation politique, **le *Tawantinsuyu* n'est pas un appareil de pouvoir uniforme et monolithique, mais une structure administrative souple, adaptée à des situations locales très variées.** L'expansion fulgurante de l'empire a suscité – et été rendue possible par – des alliances personnelles entre l'Inca régnant et les seigneurs locaux. Ces relations personnelles sont entretenues par des échanges de dons, des célébrations publiques et l'établissement de liens de parenté. En conséquence, l'Inca exerce un gouvernement en grande partie indirect, à travers les élites des peuples conquis, le *Tawantinsuyu* étant sans doute un des empires du passé les moins bureaucratiques.

L'*AYLLU*, UNITÉ SOCIALE ET TERRITORIALE DE BASE

Dans le Pérou ancien, l'individu se définissait avant tout par son appartenance à un lignage, l'*ayllu*. **Un *ayllu* était constitué par l'ensemble des descendants d'un ancêtre fondateur dont le corps momifié était conservé et la mémoire régulièrement célébrée.** Cet ancêtre était réputé avoir créé un domaine foncier propre, généralement par un fait d'armes. Il en restait le propriétaire au-delà même de sa mort, mais en transmettait l'usufruit à ses descendants. Grâce à la jouissance de ce territoire, ces derniers ne dépendaient plus du lignage dans lequel était né leur ancêtre et ne lui appartenaient donc pas mais constituaient un *ayllu* à part. La taille d'un lignage variait, les plus grands regroupant des centaines de foyers. Le terme *ayllu* désignait de façon première une arme, le lasso à boules, constituée d'un faisceau de courroies au bout desquelles étaient attachées des pierres. Lancé de loin, l'*ayllu* se prenait dans les pieds de l'ennemi, qui trébuchait et était abattu à coups de massue. Par cette métaphore, **le lignage se définissait donc comme une association à vocation guerrière**. Les Incas eux-mêmes étaient regroupés en *ayllu* issus chacun d'un roi fondateur d'un patrimoine foncier. Ces ancêtres historiques qu'étaient les souverains incas descendaient tous, à leur tour, d'un couple ancestral commun à tous les Cuzquéniens, *Manqu Qhapaq* et *Mama Uqllu*.

Chaque lignage se caractérisait par une certaine spécialisation économique. Dans la sierra, les *ayllu* exploitant l'étage de *puna* n'étaient pas les mêmes que ceux qui pratiquaient l'agriculture irriguée dans les vallées. Sur la côte, existaient non seulement des lignages d'agriculteurs et des lignages de pêcheurs, mais aussi des lignages de potiers, de tisserands, de fabricants de sandales, de commerçants, etc. Du fait de cette division du travail, un *ayllu* n'était pas une entité autonome mais vivait, par définition, en symbiose avec d'autres *ayllu* qui lui étaient économiquement complémentaires. Dans les provinces andines de *Kašatampu* et *Waylla*, par exemple, cette spécialisation économique s'exprimait par une classification des lignages en deux catégories : les *ayllu* d'agriculteurs des vallées tempérées étaient qualifiés de *wari*, du nom de leur divinité tutélaire (cf. *Wari / Wiraqucha* et l'Éclair, chap. VI), tandis que les *ayllu* d'éleveurs et cultivateurs de tubercules se reconnaissaient comme *llakwaš*, terme qui désigne la sève de la *Puya Raimondi* (*kunkuš*), une plante sauvage poussant au-dessus de 4000 m. Alors que les *wari* étaient censés être les premiers occupants du territoire – leurs ancêtres étaient souvent sortis de grottes situées sur son périmètre –, les *llakwaš* étaient tenus pour des étrangers qui au terme de longues pérégrinations avaient reçu l'hospitalité des autochtones ou avaient conquis ceux-ci et s'étaient installés sur la partie haute de leur territoire.

NATIONS ET PROVINCES

Ces associations de lignages complémentaires constituaient des *llaqta*, terme que les Espagnols ont traduit, dans ce contexte, comme « nation » ou « province ». Plusieurs *llaqta* pouvaient à leur tour être fédérés en une unité plus vaste, désignée par le même terme, et qui reconnaissait une autorité centralisée. À l'époque inca, le seigneur de la grande « nation » des *Lupaqa*, par exemple, régnait sur sept petites « nations », chacune de celles-ci regroupant plusieurs *ayllu*. Lorsque ces grandes unités existaient, comme c'était aussi le cas pour les « nations » Cajamarca, Huamachuco et *Qulla*, par exemple, les Incas, qui gouvernaient en s'appuyant sur les hiérarchies natives, en firent des provinces de leur empire. Dans les régions politiquement plus fragmentées, ils regroupèrent en une même entité administrative des groupes auparavant autonomes, apparemment sur la base d'espaces régionaux préexistants. Ce fut le cas, par exemple de la vallée du fleuve Santa, dont ils firent la province des *Waylla*. Sur la côte nord, au contraire, les Incas morcelèrent administrativement ce qui avait été l'empire chimú, en raison du danger que représentait le maintien d'une structure unitaire dans une région qui avait longtemps été un seul grand État. Les frontières orientales du territoire des Chimú furent ramenées au cours moyen des rivières, laissant les prises des canaux irriguant la côte sous le contrôle des montagnards. Le dernier souverain chimú, Minchançaman, fut astreint, de même que ses descendants, à résider de façon permanente à Cuzco. Parmi les provinces les plus peuplées, se trouvaient celles de Lima, de Chincha, des *Wanka* et des *Lupaqa*, qui comprenaient entre 20 000 et 30 000 foyers chacune, les *Lupaqa* étant plus de

100 000 et les *Wanka*, environ 200 000. Nous possédons moins d'informations sur la taille des « petites nations » incluses dans chaque province. Une étude archéologique a permis d'estimer le nombre de membres de la nation Asto, une des composantes de la province inca des Angaraes, à 15 000, approximativement. Chaque village asto, qui correspondait peut-être à un *ayllu*, avait entre 500 et 5000 habitants. Les différents lignages constituant un *llaqta* étaient regroupés en deux **moitiés** symboliquement catégorisées comme basse (*urin*) et haute (*hanan*). Une émulation existait entre ces moitiés, que les Incas surent exploiter tant à des fins militaires que de production.

LES CACIQUES

Au sein de l'*ayllu*, un homme, le cacique ou *kuraka* – terme dont le sens premier est « aîné » –, représente l'ancêtre fondateur et exerce son autorité sur l'ensemble du lignage. On ne connaît pas les règles par lesquelles on accédait, avant l'époque impériale, à la fonction de *kuraka*. Elles semblent avoir varié selon les endroits. Le cacique appartenait parfois à une famille privilégiée au sein de chaque lignage. Dans d'autres cas, il était choisi par les membres de l'*ayllu* suivant un système que nous ignorons. Sous l'administration inca, les caciquats qui étaient électifs devinrent héréditaires, l'Inca s'arrogeant seul le droit de nomination du *kuraka*. Une des principales fonctions du *kuraka* d'un *ayllu* était de veiller à la répartition des tâches et à l'organisation du travail au sein de sa parentèle. Il portait en effet le titre de *kamachikuq*, « celui qui attribue ses tâches à chacun ». À la tête de chaque *llaqta* se trouvait un *kuraka* de rang supérieur, le cacique principal (*apu kuraka*) dont une des fonctions était l'administration de la justice. Dans les provinces où cette autorité centralisée n'existait pas, ou n'existait qu'à une petite échelle, les Incas la créèrent en favorisant une famille locale. De façon générale, **l'administration inca confirma les autorités natives dans leurs fonctions et même en renforça le pouvoir et la richesse.** Les caciques de rang supérieur, ceux qui étaient à la tête des « nations » ou « provinces », constituaient une sorte de noblesse plus ou moins assimilable aux Incas en termes de statut, alors que les caciques *kamachikuq* étaient pratiquement considérés comme des hommes du commun (*runa*). Dans les régions dont l'économie dégageait un excédent important, la stratification entre nobles et gens du commun était extrêmement prononcée.

Les caciques, surtout ceux de rang principal, avaient accès à une force de travail importante. En tant que représentant du fondateur du lignage, le *kuraka* semble en effet avoir exercé une sorte de propriété sur le territoire. Il octroyait aux autres membres de l'*ayllu* un usufruit en l'échange duquel ses administrés se relayaient pour cultiver ses terres et assurer le service de sa maison. D'autre part, **les seigneurs locaux, comme les Incas, avaient le droit de prendre plusieurs épouses.** Plus celles-ci étaient nombreuses, plus le *kuraka* pouvait faire largesse en sa demeure en invitant ses vassaux à manger et, surtout, à boire de la bière de maïs (cf. La production, chap. IV). En faisant d'eux ses obligés, il légitimait et accroissait son pouvoir. C'était en grande partie grâce à l'Inca que les caciques obtenaient ces multiples épouses. Lors d'une cérémonie à Cajamarca, *Thupa Inka* fit don de cent femmes à un grand seigneur du lieu. Parce que la polygamie des caciques était un des fondements de leur richesse et de leur pouvoir, l'Église et l'administration coloniales eurent beaucoup de difficultés à l'abolir. En 1567 encore, un cacique de Lambayeque avait 27 femmes en plus de son épouse principale. En 1571, un cacique de la province des Soras en avait 12.

L'ÉLITE INCA

La véritable classe dominante de l'empire était constituée par les lignages qui descendaient de souverains incas et possédaient à Cuzco les palais situés entre les rivières *Watanay* et *Tullumayu*. On les appelait aussi *Qusqu*, c'est-à-dire « Cuzcos » ou « Cuzquéniens ». À l'époque de *Waškar*, ces *ayllu* royaux étaient au nombre de douze. Cette élite était elle-même stratifiée. Après l'Inca et son épouse principale, le sommet de la hiérarchie socio-économique cuzquénienne était occupé par les *awki* « princes » et les *quya* « princesses », c'est-à-dire les enfants, petits enfants et arrière petits enfants d'un souverain, qui se partageaient l'immense patrimoine constitué par le fondateur de leur *ayllu*. Si un *awki* de troisième génération n'était pas parvenu à conquérir le pouvoir et à devenir Inca à son tour, la fragmentation de l'héritage de l'ancêtre devenait telle que les fils et filles de cet *awki* n'étaient plus que de simples membres de la noblesse inca : des *inka* et des *ñust'a* (« infante »). À la génération suivante, c'est-à-dire la cinquième après l'ancêtre fondateur, les femmes, dont la part d'héritage était peut-être moindre que celle des hommes, descendaient encore d'une catégorie et devenaient des *palla* (« dame »). Un tel système présentait des avantages et des inconvénients. Il incitait, d'une part, les hommes jeunes à s'illustrer à la guerre, principal moyen d'obtention du pouvoir politique, alimentant ainsi la dynamique d'expansion impériale. Mais il favorisait aussi les rivalités et les conflits pour la conquête du pouvoir, engendrant des crises de succession à la mort de chaque souverain. L'invasion espagnole n'aurait peut-être pas eu lieu sans l'une de ces crises.

Les femmes incas jouissaient d'un statut important, peut-être en raison du caractère limité des entreprises guerrières – si l'on excepte la courte période des conquêtes incas – et de l'absence d'une activité commerciale agressive. Certaines femmes de l'élite s'étaient vues attribuer un précepteur chargé de leur dispenser la même éducation formelle que recevaient les hommes. Elles possédaient en propre des serviteurs personnels ou *yana* (cf. Production spécialisée et services, chap. IV), dont certains pouvaient occuper de hautes fonctions politiques. *Tawlichusku*, par exemple, cacique de Lima au moment de la conquête espagnole, était un des serviteurs personnels d'une femme de *Wayna Qhapaq*. Les épouses principale et secondaires de l'Inca jouaient apparemment un rôle central dans les intrigues visant à amener au « trône » le fils de l'une ou de l'autre. On connaît notamment le rôle politique joué par *Mama Uqllu*, mère de *Wayna Qhapaq*, au moment de l'ascension de son fils au pouvoir. **Certaines femmes assumèrent même directement des fonctions politiques**, comme *Quntarwachu*, fille d'un important cacique de la province des *Waylla* et épouse secondaire de *Wayna Qhapaq*, qui hérita du caciquat de son père. Elle développa une habile stratégie d'alliance avec les Espagnols, leur offrant aide et hospitalité lors du passage par sa capitale, *Waylla*, de la troupe commandée par Pizarro, début septembre 1533. Puis elle maria sa fille *Qišpi Sisa*, qu'elle avait eue avec l'Inca, à Francisco Pizarro lui-même. Lors de l'attaque de Lima par les troupes de *Manqu Inka*, en 1536,

Quntarwachu envoya des renforts décisifs à son beau-fils assiégé dans la nouvelle cité côtière.

Pendant le siècle que dura le *Tawantinsuyu*, l'élite inca et celle des seigneurs provinciaux ont partiellement fusionné. Culturellement, d'abord, puisque l'Inca exigeait des caciques principaux qu'ils envoient leurs enfants ou certains d'entre eux séjourner à Cuzco, non seulement pour assurer leur « incaïsation » culturelle et linguistique, mais aussi pour se prémunir contre les velléités de soulèvement de leurs parents. Par les liens du sang, ensuite, car les relations entre le pouvoir impérial et les pouvoirs locaux étaient cimentées à chaque génération par des mariages entre des femmes incas et des nobles provinciaux, ou entre des hommes de l'aristocratie inca et des femmes des élites locales. Juan de Betanzos, un soldat espagnol qui avait épousé une nièce de *Wayna Qhapaq*, rapporte en 1557 que *Pachakuti*, immédiatement après son intronisation, réunit les *kuraka* « et leur donna à tous des femmes naturelles du Cuzco et appartenant à son lignage, pour que chacune d'elles soit l'épouse principale du cacique à qui il l'avait donnée et que leurs enfants soient les héritiers de leurs états et seigneuries. » *Wanka Awki*, fils de *Wayna Qhapaq* et d'une princesse *wanka*, est un bon exemple de cette intégration des noblesses inca et non inca, puisqu'il fut général en chef de l'armée de *Waškar* pendant le conflit qui opposa celui-ci à *Ataw Wallpa*. Un autre fils de *Wayna Qhapaq*, *Pawllu*, dont la mère appartenait à l'élite de la province des *Waylla*, parviendra même, dans le chaos créé par l'invasion espagnole, à occuper le pouvoir suprême à Cuzco.

Les groupes qui habitaient la région de Cuzco, sur lesquels les Incas avaient étendu leur contrôle avant l'époque impériale et qui avaient aidé *Pachakuti* à repousser l'attaque des Chancas, reçurent le statut privilégié de *hawa inka*, « Incas de l'extérieur », que les chroniqueurs espagnols ont traduit comme « Incas de privilège ». Ils fournissaient à l'administration ses membres de rang inférieur, notamment les inspecteurs chargés de la construction des routes et des relais, de la supervision du passage des ponts et du système des postes.

LE SOUVERAIN

L'Inca sur sa tiyana *(sur un gobelet en bois peint d'époque coloniale)*

L'Inca en tenue de guerrier

Celui que nous appelons aujourd'hui **« l'Inca » était avant tout un guerrier** qui s'était imposé sur ses pairs, grâce à ses conquêtes militaires, comme leader et fédérateur des lignages de Cuzco.

Deux des insignes royales étaient d'ailleurs des armes : le *champi*, une massue, et le *suntur pawqar*, une sorte de hallebarde. Ce *primus inter pares* était appelé en quechua *sapa inka* « l'Inca unique ». Il n'existait pas de règles de succession et la mort d'un souverain entraînait des luttes acharnées au sein de l'élite pour promouvoir tel ou tel candidat au pouvoir. À l'époque impériale, les souverains semblent avoir cherché à limiter ces conflits en faisant de leur sœur leur épouse principale et en désignant eux-mêmes leur successeur parmi les fils de celle-ci. Cela ne semble pas avoir découragé toute velléité de conquête du pouvoir par les fils d'épouses secondaires du souverain défunt, voire par des parents plus lointains. De fait, le jeune *Wayna Qhapaq*, pourtant fils de la sœur et épouse principale de *Thupa Inka*, *Mama Uqllu*, ne parvint au pouvoir qu'après que sa mère eut étouffé plusieurs complots.

Mama Uqllu, *mère de* Wayna Qhapaq,
selon Felipe Huaman Poma (1615)

À la fonction royale était attachée le privilège de fonder un nouvel *ayllu*: le pouvoir permettait au souverain de se constituer de riches et vastes domaines fonciers qui deviendraient le patrimoine distinctif de ses descendants. Ce faisant, le roi s'assimilait aux fondateurs de lignages des premiers temps de l'histoire. De même que ceux-ci avaient miraculeusement créé champs, terrasses et canaux d'irrigation, les souverains incas firent édifier dans la vallée du Vilcanota, aux abords de leurs domaines privés, des complexes de terrasses dont le dessin magnifique et les proportions imposantes ne répondaient pas aux seuls besoins de l'agriculture mais manifestaient à tous **la puissance de l'Inca en tant que héros agricole** et transformateur du paysage. Plus qu'un roi, l'Inca était donc, à l'instar des ancêtres, une figure de transition entre les dieux et les hommes, et était traité comme tel: on ne se présentait devant lui que pieds nus et avec une charge sur la nuque, qui obligeait à courber la tête et regarder vers le sol.

Parmi les insignes royales de plus grande importance figurait la *maskapaycha*, une sorte de pompon rouge en laine très fine qui pendait du *llawt'u*, la bande de laine que tous les membres masculins de l'ethnie inca portaient enroulée plusieurs fois autour de la tête.

La maskapaycha.
Gravure du XIXe siècle à partir d'un original perdu du XVIe siècle

Contrairement à la couronne des rois européens, la *maskapaycha* n'était pas un objet unique. Certains fonctionnaires se déplaçaient en en portant une comme étendard, afin de signifier qu'ils étaient des représentants de l'Inca. Le pompon était la propriété individuelle du souverain et chaque nouvel Inca se faisait fabriquer le ou les sien(s). Une autre insigne royale d'importance était le *thupayawri* (« aiguille resplendissante »), sorte de sceptre en or en forme de hache dont une des deux lames se terminait en une pointe.

Les *ayllu* fondés par les souverains incas selon Pedro Sarmiento de Gamboa (1572)	
Manqu Qhapaq	Chima Panaca
Sinchi Ruq'a	Raura Panaca
Lluq'i Yupanki	Auayni Panaca
Mayta Qhapaq	Usca Mayta Panaca
Qhapaq Yupanki	Apo Mayta Panaca
Inka Ruq'a	Vicaquirao Panaca
Yawar Waqaq	Aucaylli Panaca
Wiraqucha	Çocço Panaca
Pachakuti	Iñaca Panaca (= *Hatun Ayllu*)
Thupa Inka	*Qhapaq Ayllu*
Wayna Qhapaq	*Tumipampa Ayllu*

L'autorité du *sapa inka* était fondée sur des relations d'attachement personnel avec les caciques des peuples conquis. L'État n'était autre que l'Inca lui-même et la mort de chaque souverain entraînait l'obsolescence des liens qu'il avait établis avec les seigneurs locaux, suscitant chaque fois de graves problèmes politiques. La mort d'un empereur fournissait même aux provinces soumises l'occasion quasi légitime d'affronter l'élite de Cuzco. Chaque Inca devait donc, au début de son règne, reconquérir certaines provinces. *Thupa Inka* dut ainsi refaire plusieurs des conquêtes réalisées par son père car, à la mort de *Pachakuti*, presque tout l'empire se souleva. Ces liens personnels étaient entretenus par des dons réguliers de la part du souverain : lamas – très appréciés car ils étaient le seul moyen de transport –, vêtements précieux, spondyles (*mullu*) – pour les offrandes aux divinités –, etc. Cette générosité obligeait bien sûr les *kuraka* à la réciprocité.

Le *sapa inka* passait une grande partie de son règne en de longs voyages à travers son empire, accompagné de son épouse principale, porté sur une somptueuse litière et entouré de milliers de soldats et de serviteurs. Ces caravanes royales montraient aux sujets, qui pour la plupart n'avaient aucune occasion de connaître la capitale, le pouvoir de l'Inca. Elles constituaient aussi la métaphore vivante d'**un empire qui se présentait comme l'union pacifique et ordonnée de tous les peuples de la terre** car porteurs et soldats formaient des contingents issus de différents peuples et arboraient leurs costumes nationaux.

L'ADMINISTRATION

On a longtemps cru que la domination cuzquénienne s'était exercée partout selon un modèle unique. Au cours des trente dernières années du XXe siècle, les avancées de l'histoire et de l'archéologie ont totalement fait voler en éclat l'image d'une société inca standardisée et centralisée. **L'État s'est en réalité adapté à des conditions locales très hétérogènes.** Dans les régions montagnardes du centre et du sud du Pérou, où n'existaient pas d'États avant les Incas, ceux-ci ont construit des capitales provinciales où résidaient les représentants du pouvoir. Ces « fonctionnaires » n'étaient guère nombreux. Ils se réduisaient pratiquement à un gouverneur inca (*t'uqrikuq*), qui représentait le souverain dans les célébrations qui se déroulaient dans les centres administratifs et conduisaient les affaires de chaque province

Un haut fonctionnaire en déplacement selon Felipe Huaman Poma (1615)

assisté de *khipukamayuq* (« secrétaires » enregistrant l'information sur des cordelettes à nœuds), ainsi qu'à quelques administrateurs de justice. Une partie du contrôle de l'empire était assuré par des inspections régulières mais peu fréquentes.

Les affaires courantes étaient gérées par les élites locales, qui continuaient à vivre dans les villages alentours.

Sur la côte septentrionale, par contre, où l'urbanisation était depuis longtemps plus importante que partout ailleurs dans les Andes, les Incas n'ont construit aucun centre administratif. En fragmentant à l'extrême les élites locales, ils ont même entraîné un recul de la vie urbaine. Craignant le climat de la côte, mortifère pour les montagnards, ils ont préféré gouverner cette région indirectement, à travers les seigneurs indigènes, un peu comme les Mongols dominaient la Perse ou la Chine, ou les Romains, les royaumes grecs d'orient.

Dans les régions montagnardes très éloignées de Cuzco, les Incas ont éprouvé le besoin de créer des lieux de pouvoir plus consistants que les « centres de générosité » de la partie médiane du *Tawantinsuyu*. *Tumipampa*, dans les Andes septentrionales, était probablement la ville la plus imposante de l'empire après Cuzco, et la cour y séjourna pendant de longues périodes. Contrairement aux autres capitales provinciales, elle abritait aussi une partie des élites indigènes de la région. En raison de sa fidélité à *Waškar*, cette cité fut entièrement détruite par *Ataw Wallpa* peu avant sa capture par les Espagnols. Les Incas avaient entrepris la création de villes similaires à Quito, près de la frontière nord de l'empire, et à *Samaypata*, près de l'actuelle Santa Cruz, en Bolivie. Mais ces cités n'eurent pas le temps de connaître le développement de *Tumipampa*.

L'ARMÉE

Il n'existe pas dans l'empire inca d'armée professionnelle ayant reçu un entraînement et une instruction uniques. L'Inca dispose certes d'une garde personnelle permanente – celle d'*Ataw Wallpa* comptait un millier d'hommes – mais **l'armée est pour l'essentiel constituée de conscrits** issus des nations incorporées à l'empire. La plupart des « soldats » sont donc des paysans et des bergers accomplissant une corvée militaire analogue à la *mit'a* économique (cf. Mobilisation de la main d'œuvre, chap. IV). Chez la plupart des nations conquises, l'entraînement à la guerre est d'ailleurs depuis longtemps un aspect essentiel de la formation des garçons dès leur plus jeune âge. **Chaque groupe ethnique fournit ainsi aux Incas son propre escadron** qui utilise ses propres armes, porte ses signes distinctifs et est dirigé par ses propres capitaines, lesquels obéissent aux ordres d'officiers cuzquéniens qui sont des proches parents de l'Inca. Ce dernier est le commandant en chef des armées et tire l'essentiel de son prestige personnel de ses victoires à la guerre (cf. Le souverain, chap. III). **La corvée militaire semble avoir été lourde** : les *Lupaqa*, par exemple, qui comptaient quelques 20 000 foyers, envoyèrent 6 000 guerriers dans le nord pour appuyer *Waškar* contre *Ataw Wallpa*. 5 000 semblent avoir péri. Les armes les plus communes étaient la massue à tête ronde (*maqana*), la massue à tête de bronze en forme d'étoile (*champi*), la lance (*chuki*), l'arc et les flèches (*wach'i*), la fronde (*warak'a*) et le lasso à boules (*ayllu* ou *riwi*). Les Incas avaient une arme qui leur était propre, une sorte de hallebarde (*suntur pawqar*).

Les armes des Incas selon Francisco de Jerez (1534)

Voici leurs armes de guerre et comment ils s'en servent. Des frondeurs, qui lancent des pierres de la grosseur d'un œuf, rondes comme des cailloux de rivières, et travaillées à la main, marchent à l'avant-garde. Ces gens portent des boucliers qu'ils font avec des planches minces et très fortes. Ils ont aussi des plastrons rembourrés de coton. Après ceux-ci viennent d'autres guerriers armés de haches d'armes et de massues ; ces dernières sont de la longueur d'une brasse et demie et de la force des lances de nos capitaines d'infanterie. La masse qui est à l'extrémité est en métal et grosse comme le poing ; elle a cinq ou six pointes aiguës, chacune de la grosseur du doigt : ils manient cette arme à deux mains. Leurs haches sont de la même grandeur ou plus grandes, la partie coupante est de métal, longue d'une palme, et fait à peu près comme le fer d'une hallebarde. Plusieurs de ces haches et de ces massues sont en or et en argent, ce sont celles des chefs. Ces guerriers sont suivis de gens qui ont de petites lances pointues comme des dards. L'arrière garde est formée de piquiers armés de piques de trente palmes de long. Ils portent au bras gauche un brassard matelassé en coton, à l'aide duquel ils manient leur arme. Tous sont divisés en compagnies, qui ont leurs étendards et leurs chefs, avec autant d'ordre que les Turcs. Plusieurs ont des casques de bois qui leurs couvrent la tête jusqu'aux yeux : ils sont rembourrés en coton et aussi solides que du fer.

Le souverain accompagne souvent ses troupes et se doit d'être un grand tacticien. Il ne se retrouve que rarement sur le champ de bataille mais reste à l'écart pour diriger les opérations. Les armées sont accompagnées de porteurs – souvent un jeune parent du conscrit – et des épouses des soldats, voire de leurs enfants nés pendant les longues campagnes. Ces auxiliaires étant à peu près aussi nombreux que les combattants, **les armées incas semblent avoir été peu mobiles.** Leur force repose essentiellement sur leur supériorité numérique qui dissuade parfois toute résistance. La plupart des 200 000 habitants de la haute vallée du Mantaro, les *Wanka,* auraient ainsi cédé sans combattre devant les 30 000 soldats de l'Inca. À la fin de l'empire, plus de 100 000 soldats semblent avoir été mobilisés pour certaines batailles. Les Incas se présentaient avec cette armée devant une nation non encore conquise et proposaient un pacte à leurs élites : si celles-ci se soumettaient, elles recevraient de l'Inca des dons régulier et leur statut se maintiendrait voire s'élèverait, tandis que les *ayllu* sur lesquels elles exerçaient leur autorité conserveraient leurs ressources. Le souverain se montrait généreux envers ceux qui se soumettaient et implacable envers quiconque lui résistait. Plusieurs Incas ordonnèrent de massacrer des populations entières, comme les Cayambis de l'Équateur ou les habitants de la vallée de Cañete, afin de décourager résistances et rébellions. Dans la haute vallée du Mantaro, les habitants de *Tunanmarka,* qui n'acceptèrent pas de se soumettre à l'Inca, furent massivement déportés.

Au fur et à mesure que le *Tawantinsuyu* s'étendit, il devint difficile de laisser reposer l'appareil militaire inca sur le seul système de la *mit'a* : les champs de bataille étant de plus en plus éloignés des lieux d'origine des soldats, ceux-ci ne pouvaient plus retourner chez eux assez vite pour participer aux tâches productives, ce qui mettait en danger la subsistance de leur communauté. L'Inca choisit donc de dispenser certains groupes de toute autre *mit'a* que militaire et de les spécialiser en quelque sorte dans l'activité guerrière. C'est le cas notamment de plusieurs groupes du centre du *Qullasuyu,* comme les Charcas, les Caracaras, les Chuis et les Chichas. Probablement le pouvoir cuzquénien considérait-il ces nations comme des alliées fidèles. Celles en lesquelles il n'avait pas confiance étaient quant à elles dispensées de corvée militaire et soumises à la seule *mit'a* économique. C'est le cas des habitants de l'ancien empire chimú qui avaient même l'interdiction de porter des armes.

L'ORGANISATION SOCIALE ET POLITIQUE

Une fois passée l'époque des grandes conquêtes, les Incas furent confrontés aux problèmes du contrôle des populations conquises et de la sécurisation des frontières. Les insurrections étaient fréquentes contre la lourde servitude de la *mit'a*. Pour les prévenir ou les écraser, l'État devait entretenir partout des troupes importantes pour l'approvisionnement desquelles il mit en place un système de greniers et d'entrepôts situés à proximité des capitales provinciales (cf. Les capitales provinciales, chap. II), chaque soldat recevant un trousseau de vêtements et de sandales, des couvertures, du maïs et de la coca. **La construction d'un vaste réseau de routes** (cf. Routes, caravansérails et postes, chap. II) **s'explique en partie par la nécessité qu'avaient les Incas de mobiliser rapidement des troupes importantes contre les rébellions.** Contrairement à la plupart des empires de l'Ancien Monde, celui des Incas n'avait pas à se défendre d'une invasion extérieure – ou du moins le croyait-il –. C'est eux qui portaient la guerre au-delà de leurs frontières et les sites fortifiés qu'ils ont construits furent davantage des bases pour des conquêtes à venir et des lieux de garnisons dans des zones non encore entièrement soumises, que des ouvrages strictement défensifs. C'est le cas notamment des quelques 37 sites fortifiés que l'on a identifiés près de Quito. Dans certaines régions cependant, comme la frontière orientale du *Qullasuyu* au niveau de l'actuelle Bolivie, les Incas semblent avoir craint les incursions des **nomades orientaux**, notamment les Chiriguano, puisqu'ils ont construit une ligne de défense à une centaine de km à l'intérieur des frontières de l'empire, le long des voies de circulation. *Inkallaqta,* à l'est de Cochabamba, est la seule capitale provinciale inca fortifiée.

IV
LA VIE ÉCONOMIQUE

Du point de vue de son organisation économique, l'empire inca ressemble peu aux autres empires du passé: on n'y trouve pas d'importantes populations urbaines et on n'y déplace donc pas de grandes quantités de biens de subsistance sur de longues distances. Cuzco n'est pas comme Rome le centre d'un vaste réseau de circulation des biens. Dans la plus grande partie des hautes terres, les économies locales ne connaissaient ni marchés ni aucune institution qui auraient permis aux Incas de détourner à leur profit les richesses produites localement. Les Cuzquéniens ont donc recours aux institutions par lesquelles les caciques captent traditionnellement la force de travail de leurs vassaux et mobilisent cette main d'œuvre à grande échelle pour construire des terrasses agricoles et des canaux d'irrigation en des lieux inexploités que l'État s'attribue et fait cultiver par la population locale. Ils développent ainsi massivement à leur profit les économies montagnardes. Les mêmes mécanismes permettent à l'Inca de faire prospérer partout ses propres troupeaux. Pour l'essentiel, la production issue des terres et du cheptel royaux est consommée localement: elle permet d'entretenir et d'habiller les garnisons et d'alimenter les sujets de l'Inca pendant qu'ils effectuent leur corvée. Des travailleurs spécialisés, recrutés et installés par le souverain dans les capitales provinciales ou dans des enclaves artisanales, produisent les biens au moyen desquels l'Inca rétribue ses sujets et, surtout, les seigneurs provinciaux pour avoir mobilisé leurs vassaux à son profit. **La vie économique de l'empire inca est donc double car deux organisations connexes mais distinctes coexistent: une économie de subsistance**, dans laquelle le lignage continue de produire la plupart des biens nécessaires à la vie de ses membres ; **une économie étatique** qui contraint les foyers à produire des surplus que les Incas déplacent et redistribuent. Le commerce n'est pas absent mais, dans une grande partie de l'empire, l'État tend à se substituer à lui et à assurer lui-même la circulation des biens. Sur la côte, où existent des économies plus spécialisées, l'État se contente de prélever un tribut sans développer l'appareil de production.

• **L'ÉCONOMIE DE SUBSISTANCE**

LA PRODUCTION

Grâce à l'extrême diversité des milieux, les Andes centrales (cf. introduction au chap. II) **ont été au niveau mondial un des centres les plus éminents de domestication des plantes**. Ce processus y est aussi ancien qu'au Proche Orient ou en Chine. Les Péruviens cultivaient plusieurs dizaines d'espèces domestiques, plus qu'aucun autre peuple américain. Dans la basse *puna* (cf. Les zones de production, chap. 2), entre 3700 et 4000 m, on cultive la quinoa et diverses espèces de tubercules : la pomme de terre, dont il existe actuellement 470 variétés, la oca, la mashua et l'olluco. Cette agriculture est complétée par l'élevage du lama et de l'alpaga, au dessus de 4000 m, dans la haute *puna*. Le maïs est la principale plante cultivée dans les vallées montagnardes (*qhichwa*), tandis qu'au-dessous de 2500 m on cultive aussi le haricot, la calebasse, la courge, l'avocat, le manioc et le coton.

Dans la *puna*, les gelées détruisent souvent les récoltes. Pourtant, dans de nombreuses régions, l'élevage fait la richesse des habitants de cet étage écologique. Le lama est en effet utilisé comme bête de charge (il peut porter environ 30 kg sur une vingtaine de km par jour) et fournit viande, laine et peaux. L'alpaga, plus frêle, n'est élevé que pour sa chair et sa laine. La bouse séchée de ces deux animaux fournit un excellent combustible à une altitude où les arbres sont rares. C'est également dans la *puna* que se situent la plupart des salines, des mines et des lacs où l'on pratique la pêche, et que vivent le guanaco et deux espèces de cervidés que l'on chasse périodiquement. Mais **le développement de sociétés démographiquement et politiquement importantes au dessus de 3700 m n'aurait pas été possible sans les techniques de conservation des aliments inventées par les habitants de la *puna***. Les prairies d'altitude des Andes centrales sont en effet suffisamment sèches et froides pour permettre la déshydratation des tubercules et de la viande par l'effet du gel nocturne et du soleil alternés. Les sociétés du Pérou ancien disposaient donc d'aliments pouvant être conservés pendant plusieurs années, grâce auxquels la population se prémunissait contre les disettes dues à des gelées et des sécheresses fréquentes.

Pour autant, la *puna* est toujours apparue aux Andins comme un espace sauvage, sans doute parce que son paysage désolé contraste avec celui de la *qhichwa*, profondément façonné par l'homme. En effet, dans les vallées montagnardes, qui ne sont que des interstices s'ouvrant par endroits au milieu des *puna*, la surface plane est limitée et menacée, à la saison des pluies, par des torrents de boue et de pierre. Leurs habitants ont donc souvent littéralement sculpté les versants de terrasses agricoles alimentées en eau par des canaux. L'irrigation est nécessaire dans les vallées car l'agriculture y souffre d'une insuffisance chronique de production, due à la courte durée de la période des labours et des semis, au début de la saison des pluies. Il est donc crucial, pour les cultivateurs de maïs, d'élargir cette période en l'anticipant grâce à l'irrigation. À l'époque inca, on utilisait partout des engrais : bouse de lama ou fiente d'oiseaux marins, le guano, qui s'entassait en d'épaisses couches sur les îles inhabitées qui font face à la côte. La superficie cultivable, très limitée, était ainsi intensément exploitée, une famille subsistant souvent avec moins d'une hectare.

La pomme de terre constituait la base de l'alimentation des habitants des hautes terres, même dans les vallées. Le maïs n'était un aliment quotidien que pour la classe supérieure, le commun de la population en consommant surtout sous forme de bière (cf. L'alimentation, la boisson et la coca, chap. VIII), dans des circonstances festives ou rituelles. Le maïs était ainsi une ressource cruciale pour la reproduction de la vie politique, surtout en raison de l'**importance de la bière de maïs dans les relations entre un cacique et ses sujets** : le *kuraka* devait offrir de cette boisson aux personnes venues travailler ses champs, entretenir sa maison ou accomplir tout autre tâche à son bénéfice. Tout seigneur devait donc s'assurer le meilleur accès possible non seulement à du maïs mais aussi à des épouses secondaires pouvant préparer pour lui de grandes quantités de bière.

Cinq espèces animales ont été domestiquées dans les Andes, plus que partout ailleurs en Amérique : le lama, l'alpaga, le chien, le cochon d'Inde et le canard musqué. Les chiens servaient de mascottes et d'éboueurs, tandis que **le cochon d'Inde et le canard étaient, avec le lama et l'alpaga, les principaux aliments carnés.**

L'utilité du lama et de l'alpaga selon José de Acosta (1589)
Il n'y a au Pérou de plus grande richesse et profit que le bétail du pays, que les nôtres appellent moutons des Indes, et les Indiens lama dans leur langue ; car, tout bien considéré, c'est l'animal du plus grand profit et de la moindre dépense parmi tous ceux que l'on connaît. On tire de ce bétail nourriture et vêtement, comme en Europe du bétail ovin ; et qui plus est, on en tire également la commodité de la charge et du transport. Et d'autre part, il n'est point besoin de faire des dépenses en ferrage, selles ou bâts, ou en avoine, car le lama sert son maître gracieusement et se contente de l'herbe qu'il trouve dans les champs. [...] Ils font de la chair de ce bétail [lamas et alpagas] du *charqui* ou viande séchée, qui se conserve très longtemps et qui vaut très cher. [...] Tout ce bétail est ami des températures froides ; c'est pourquoi il vit dans la sierra et se meurt de chaleur sur la côte. Il lui arrive d'être complètement recouvert de givre et de glace, et malgré cela content et bien portant.

En l'absence d'animaux de trait, l'agriculture andine utilise des outils rudimentaires. Le principal est la *chakitaklla*, une bêche que l'on enfonce dans le sol par pression du pied.

L'homme ouvre ainsi la terre tandis que la femme retourne les mottes ou dépose les graines dans le sillon. En raison de la lenteur de ce procédé, le travail d'un champ requiert du concours simultané de plusieurs familles, ce qui fait de la coopération entre celles-ci une caractéristique fondamentale de la vie paysanne. L'esprit de corps qui anime l'*ayllu* est sans doute en partie la conséquence de l'interdépendance des unités familiales dans la réalisation des tâches agricoles. Cette collaboration institutionnalisée entre les foyers s'exprime par le terme d'*ayni*, qui désigne en quechua et en aymara une aide que l'on prête et qui engage son bénéficiaire à une rétribution ultérieure par un service équivalent. L'*ayni* fonctionne essentiellement entre membres d'un même *ayllu* et crée ou entretient un lien social entre eux.

Dans les cas que nous connaissons, **vallée et *puna* sont exploitées par des lignages différents et symboliquement opposés.**

Le labour selon Felipe Huaman Poma (1615)

Ceux-ci n'en sont pas moins économiquement complémentaires. Les cultivateurs de maïs ont besoin de lamas pour transporter leurs récoltes depuis les champs jusqu'aux greniers et consomment presque quotidiennement des produits de la *puna* (tubercules frais ou déshydratés, viande séchée, sel, laine, cordes, etc.), sans compter que les sources ou les lacs d'où partent leurs canaux d'irrigation se situent souvent au milieu des pâturages. Les habitants de la *puna*, quant à eux, sont friands de maïs, la plus valorisée de toutes les plantes cultivées, et de bière de maïs. Parfois, lignages du haut et lignages du bas habitent les mêmes villages, à la frontière entre les deux étages écologiques. Mais leurs relations, soumises à de constantes négociations, sont souvent délicates, voire conflictuelles. Là où existe un pouvoir centralisé, elles sont régulées par le cacique du *llaqta*, ensemble politique s'étendant généralement sur les deux étages écologiques.

Sur la côte, la pêche est une activité économique de première importance. Ainsi, sur les 30 000 foyers que compte le « royaume » de Chincha, 10 000 sont des pêcheurs et 12 000 seulement des agriculteurs. Les pêcheurs constituent un groupe spécialisé qui ne se consacre pas simultanément à l'agriculture mais obtient des biens agricoles et artisanaux par le troc.

TENDANCES À L'AUTARCIE

Une des particularités du milieu andin est que les différents écosystèmes sont souvent très rapprochés les uns des autres. Entre une et dix journées de marche seulement séparent n'importe quelle vallée montagnarde des piémonts amazoniens ou de la côte, et quelques heures suffisent pour passer des pâturages situés à 4000 m d'altitude aux vallées où est cultivé le maïs, voire, dans certains cas, à la côte ou à la forêt tropicale. **Cette proximité des différents étages écologiques a favorisé une tendance à l'autarcie au sein de chaque petite société montagnarde**. Elle rendait en effet moins coûteux et plus sûr de s'assurer un accès direct à ces divers milieux, en y envoyant des colons, que de dépendre de commerçants pour obtenir des biens que l'on ne produisait pas sur son territoire nucléaire. L'exploitation de la plus grande diversité possible de climats permettait en outre de limiter les risques de famine, surtout pour les habitants des *puna* qui y étaient le plus exposés. **Les territoires ethniques n'étaient donc pas forcément continus mais pouvaient former de véritables archipels écologiques** constitués d'un noyau principal et d'une constellation d'« îles » périphériques, situées à différentes altitudes et exploitées par des colons y résidant de façon temporaire ou permanente, selon le cas.

Dans la région de Huánuco, dans le centre nord du Pérou actuel, les Chupaychu, un groupe ethnique de langue quechua et comprenant quelques milliers de foyers, avaient leur noyau territorial dans la *qhichwa*, entre 3000 et 3200 m, entre les vallées des fleuves Huallaga et Marañón. À trois ou quatre jours de marche vers le haut, dans la *puna*, ils possédaient des champs de pomme de terre, des pâturages et des mines de sel. À trois ou quatre jours de marche vers le bas, dans les terres chaudes (*yunka*), ils cultivaient du coton et du piment et, un peu plus bas encore, de la coca. Ils exploitaient également la forêt tropicale dont ils rapportaient du bois pour la fabrication d'objets divers. Ils n'exerçaient pas de souveraineté sur les territoires intermédiaires qu'ils devaient traverser pour parvenir dans ces enclaves périphériques où ils cohabitaient avec des familles appartenant à d'autres groupes montagnards.

Dans le bassin du lac Titicaca, les *Lupaqa*, un groupe ethnique de langue aymara comptant entre 100 000 et 150 000 personnes, avaient leur territoire principal à 4000 m d'altitude. Des centaines de foyers de colons *lupaqa* étaient établis sur la côte de l'océan Pacifique, à dix ou quinze jours de marche du haut plateau, où ils cultivaient du maïs et du coton, pêchaient et ramassaient du guano et des algues. Ces oasis côtiers étaient multiethniques : les *Lupaqa* y côtoyaient par exemple des *Pakaša*, leurs voisins méridionaux sur le haut plateau. Sur le versant oriental des Andes, d'autres colons *lupaqa* cultivaient de la coca et extrayaient du bois.

• **L'ÉCONOMIE ÉTATIQUE**

ACCROISSEMENT DE LA PRODUCTION

Les Andes centrales se caractérisent au départ par leur faible potentiel agricole : seul 2% de ce territoire est naturellement utilisable pour l'agriculture. Les populations précolombiennes ont considérablement accru la surface arable en construisant des canaux et des terrasses et en drainant des terres marécageuses. Dès le début du second millénaire av. J.-C., l'eau est au centre des préoccupations des sociétés établies dans les vallées côtières et montagnardes. L'extension des zones agricoles s'est accélérée avec le développement des États, qui permettent une gestion de la force de travail plus rationnelle et à plus grande échelle. **L'empire inca** a continué l'œuvre de ses prédécesseurs, surtout dans les vallées montagnardes où il **a favorisé la culture du maïs, pour la consommation des élites et des armées, en faisant construire des terrasses et des canaux d'irrigation.**

L'accroissement de la production à l'époque impériale se fait aussi par la mise en culture de terres jusqu'alors laissées en friche en raison des guerres endémiques de la période précédente. Par exemple, dans la haute vallée du Mantaro – le pays des *Wanka* –, où l'habitat consistait en des villages perchés et fortifiés, les Incas déplacent la population vers de nouveaux établissements, plus petits et plus dispersés, situés près du fond de la vallée. Une des principales cités *wanka, Tunanmarka,* est ainsi abandonnée. **Le pouvoir tient en effet à développer la production de maïs dans des terres non cultivées à l'époque précédente car trop éloignées des sites fortifiés.**

Dans de nombreuses régions, la mise en culture intensive de zones jusqu'alors peu exploitées se fait au moyen de l'installation de colons amenés d'autres provinces, les ***mitma*** « étranger (au pays où il est établi) ». Les Incas ont en effet effectué des **déplacements de population à grande échelle**, installant dans presque toutes les provinces du *Tawantinsuyu* des colons amenés d'ailleurs, soit sur des terres auparavant non cultivées, soit sur les terres laissées vacantes par le transfert des habitants du lieu dans une autre région. **Ces déplacements de population répondent**

non seulement à des objectifs économiques mais aussi politiques : en brisant la cohérence ethnique des provinces, les Incas espèrent entraver d'éventuels mouvements de révolte. D'autant que ces colons, qui obtiennent souvent des terres meilleures ou plus vastes que celles dont ils disposaient auparavant, semblent mieux lotis que les indigènes. Il existait donc des *mitma* « économiques », transplantés dans une zone pour y développer des ressources peu ou non exploitées jusqu'alors, et des *mitma* « sécuritaires », dont l'implantation visait à un meilleur contrôle de provinces peu sûres ou de lieux stratégiques tels que les abords d'une capitale provinciale ou d'un grand axe routier. Il est probable que ces deux objectifs de colonisation se confondaient souvent. Parmi les implantations à but plutôt économique, on peut mentionner les 200 foyers de *mitma* appartenant à cinq groupes ethniques du centre et du nord de l'empire qui furent installés dans les villages de la partie basse du territoire chupaychu, dans la région de Huánuco, près des voies d'accès à la forêt tropicale dont les Incas voulaient développer l'exploitation. Parmi les implantations à visée plutôt politique, voire militaire, figurent les *mitma* d'origines diverses auxquels les Incas distribuèrent une partie des terres des habitants des vallées de Catamarca, dans l'extrême sud du *Tawantinsuyu*, qui leur avaient opposé une forte résistance. À l'inverse, il arrivait aussi que les Incas déportent une population rebelle dans une province dont les habitants étaient connus pour leur fidélité à l'Inca. **La plupart des ethnies montagnardes semblent avoir été ainsi fractionnées.** Grâce à ces transferts de population, l'Inca nivelait démographiquement les provinces de son empire, ajoutant des habitants là où ils étaient peu nombreux et en enlevant là où ils abondaient. Au moment de la conquête espagnole, la proportion de *mitma* dans chaque province oscillait entre 10% et 80%. Ces « étrangers » étaient toujours installés dans un milieu écologiquement similaire à celui dont ils provenaient et dont ils avaient la connaissance. Si des déplacements de population ont pu être réalisés à une si grande échelle, c'est sans doute parce que, à altitude égale, les expériences d'adaptation au milieu sont aisément transférables d'un endroit à un autre sur toute l'extension du *Tawantinsuyu*.

MOBILISATION DE LA MAIN D'OEUVRE

D'un point de vue économique, ce qui caractérise au premier chef **l'État inca**, par rapport aux empires de l'Ancien Monde ou à l'empire aztèque, est qu'il **percevait de la plupart de ses sujets non pas un tribut mais des journées de travail**: les populations conquises avaient l'obligation de cultiver les terres de l'Inca, de s'occuper de ses troupeaux, de construire des routes, des édifices, des infrastructures agricoles, d'entretenir les caravansérails et de tisser des vêtements avec de la laine ou du coton fournis par l'État. Cette corvée s'appelait ***mit'a*** « tour, roulement ». Les terres de l'Inca, de même que celles que celui-ci attribue un peu partout aux divinités, procèdent tantôt de la confiscation de terres appartenant aux élites locales, tantôt de la mise en culture de terres auparavant laissées en friche. Souvent consacrées à la culture du maïs, ces terres sont travaillées sous le régime de la *mit'a* par les paysans, produisant des revenus pour l'État et les temples. **Chacun des membres d'un lignage** (cf. L'*ayllu*, unité sociale et territoriale de base, chap. III), **dès lors qu'il a fondé un foyer, doit périodiquement rejoindre le contingent des corvéables que l'*ayllu* met chaque année, pour un mois ou deux, à disposition du souverain.** L'individu qui effectue sa *mit'a* reçoit nourriture et boisson de l'État et réalise son labeur dans un contexte festif qui contribue à rendre supportable le surcroît de travail que l'avènement de l'empire implique pour les populations conquises. Plus de vingt ans après les événements de Cajamarca, un fonctionnaire espagnol, Juan Polo de Ondegardo, observe que les indigènes trouvent moins légitime de payer un tribut à la Couronne que de travailler pour les Espagnols: « Tout ce que les Indiens donnaient au seigneur souverain était des services personnels [...] ils n'étaient obligés à rien d'autre qu'à travailler [...] car ils supportent moins bien qu'on leur prenne un boisseau de pommes de terre qu'ils ont obtenu grâce à leur labeur, que de se rendre quelque part pendant quinze jours avec les gens de leur communauté pour accomplir une tâche quelconque. » L'énorme quantité d'édifices et de routes que les Incas ont fait construire en peu de générations témoigne de l'efficacité de ce système de mobilisation de la main d'œuvre. Cette organisation et l'abondance des hommes compensent avantageusement les faiblesses technologiques des Péruviens – relativement à leurs contemporains européens ou asiatiques – et l'absence d'animaux de trait.

LA VIE ÉCONOMIQUE

Les Incas ont restructuré les frontières politiques entre groupes ethniques de façon à créer des unités démographiques de proportions décimales, c'est-à-dire aisément comptabilisables par l'administration impériale. Ces groupes furent ainsi divisés en unités de dix, cent et mille foyers. Par exemple, l'ethnie des Chupaychu fut organisée en quatre *waranqa* (« millier ») comptant chacune dix *pachaka* (« centaine »). Mais, comme les Chupaychu ne représentaient pas tout à fait 4000 foyers, il fallut, pour que cet ensemble soit conforme au modèle décimal, intégrer trois *pachaka* quero – une ethnie voisine – à l'une de ces *waranqa*. Chaque « centaine » et chaque « millier » de foyers avait à sa tête un *kuraka*. Les caciques des trois « centaines » de foyers quero furent placés sous l'autorité du cacique chupaychu du « millier » auquel ils avaient été incorporés. **L'administration inca consistait donc essentiellement en un système de mobilisation de la main d'œuvre.** Mais ce tableau doit être nuancé : **les habitants de la côte**, qui représentaient une fraction très importante de la population du *Tawantinsuyu*, **payaient un tribut** qui était en grande partie centralisé dans la cité de Pachacamac. On ignore dans quelle mesure ce tribut coexistait avec une forme de *mit'a*.

RÉCIPROCITÉ ET REDISTRIBUTION

La légitimité (éventuelle) des exigences de l'État inca en matière de prestations de travail tient en partie à la réciprocité censée fonder les relations entre le souverain et la population. De façon régulière, l'Inca fait des présents aux *kuraka* que ceux-ci redistribuent partiellement à leurs sujets. Ces derniers se retrouvent donc obligés envers leurs caciques qui le sont, quant à eux, envers l'Inca. Plus que la manifestation d'une éthique politique, cette générosité presque institutionnalisée obéissait à une logique économique : dans le *Tawantinsuyu*, un individu possédant beaucoup de biens ne pouvait ni acheter des articles de luxe, ni investir, ni faire produire des intérêts à son capital. Il ne pouvait que distribuer la plus grande partie de sa richesse afin d'en retirer au moins un bénéfice politique. La valeur des biens distribués par l'Inca était d'autant plus élevée que ceux-ci étaient rares pour ceux qui les recevaient. Nous savons par exemple que l'Inca offrait dans les provinces méridionales des spondyles pêchés dans les mers équatoriales, tandis que les nations septentrionales recevaient des lamas, rares dans cette partie de l'empire. En 1558, les fonctionnaires espagnols Cristóbal de Castro et Diego de Ortega Morejón décrivirent ainsi ce système : « L'Inca avait disposé que le tribut que payait Collasuyu [le sud] il le distribuait à Chinchasuyu [le nord], et que le tribut que donnait Chinchasuyu il le distribuait dans Collasuyu car les uns manquaient de ce que les autres avaient. » La valeur ajoutée que prenaient ces objets lorsqu'ils étaient déplacés constituait le bénéfice économique et politique de l'État, c'est-à-dire des Incas. Dans les hautes terres des Andes centrales, **l'Inca s'arroge de cette façon le quasi monopole de la circulation des biens à longue distance**. Il se substitue au commerce et au marché, absorbant la production excédentaire de la population et la lui échangeant contre d'autres produits. Il en dégage d'énormes profits, qui lui permettent d'entretenir des armées et d'enrichir les élites cuzquénienne et provinciales, tandis que les gens du commun voient leur diète se diversifier et accèdent à quelques biens exotiques, en contrepartie, bien sûr, d'un surcroît de labeur. Dans la haute vallée du Mantaro, par exemple, les archéologues ont observé que, sous l'empire inca, la consommation de viande de camélidés augmente chez les gens du commun. **L'avènement du *Tawantinsuyu* implique donc un formidable accroissement de la production et de la consommation.**

Pour la plupart, les biens produits pour l'État par les communautés ne sont cependant pas déplacés sur de très longues distances mais redistribués localement aux divinités, aux *kuraka*, aux travailleurs ayant accompli leur *mit'a* et aux garnisons. Aux abord de chaque centre administratif inca se trouve ainsi toujours un vaste complexe de greniers et d'entrepôts où sont conservés des denrées alimentaires (maïs, pomme de terre, quinoa, tarhui, etc.), ainsi que des vêtements, des sandales et des armes.

L'essentiel des biens produits dans les provinces sert donc à soutenir le fonctionnement de l'État à un niveau local. Ce sont les domaines royaux, situés dans la région de Cuzco, qui pourvoient à l'essentiel des besoins des lignages incas et des cultes que ceux-ci promeuvent dans la capitale. Parmi les biens produits dans les provinces, seuls les plus valorisés sont acheminés jusqu'à Cuzco qui centralise l'essentiel de ce que le *Tawantinsuyu* produit de plus précieux. Cette ville est en effet le lieu où les seigneurs provinciaux et les membres de l'élite inca reçoivent du souverain les présents de plus grande valeur. Pedro Pizarro, un des tout premiers Espagnols à

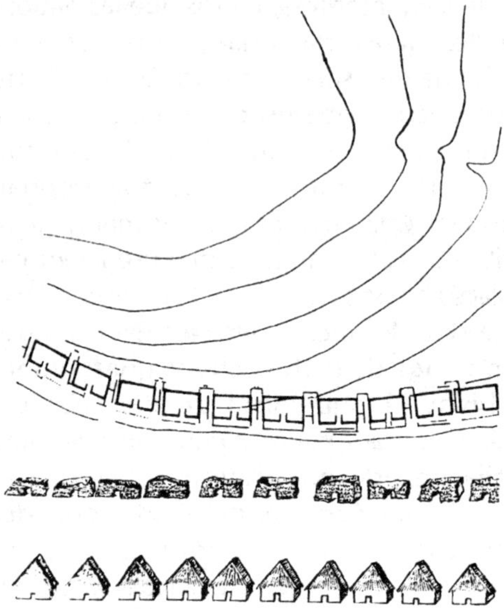

Entrepôts à Pumpu (Chinchaysuyu)

Les entrepôts de l'Inca selon Felipe Huaman Poma

avoir observé la capitale, avant sa destruction, exprime sa perplexité devant une telle accumulation de biens :

Les entrepôts de Cuzco selon Pedro Pizarro (1571)
Dès notre arrivée à Cuzco, nous avons été impressionnés par ses innombrables richesses, par la quantité d'entrepôts remplis de mobilier, de vivres, de coca, et surtout de vêtements, des plus simples aux plus délicats. Le plus étonnant était la réserve de plumes, notamment de plumes chatoyantes, pareilles à de l'or fin, quelquefois mordorées, et rangées dans une multitude de malles. [...] Quant aux vêtements, il m'est impossible d'en décrire l'amoncellement : les Indiens en confectionnaient de toutes les façons. Le temps m'a manqué pour tout voir, et l'entendement pour trouver la signification d'une telle profusion.

Après l'arrivée des Espagnols, il fallut plusieurs décennies de désordre politique et de pillage pour dissiper les richesses accumulées dans les greniers et entrepôts de l'État inca.

PRODUCTION SPÉCIALISÉE ET SERVICES

Si l'essentiel de la production de biens et de services pour l'État se fait à travers le régime de la *mit'a*, l'Inca a également accès à une production et à des services spécialisés. L'empire ne peut en effet se développer sur le seul système de la corvée. La nécessité d'accroître la quantité et la qualité de la production incite les Incas à multiplier les enclaves artisanales. Ils recrutent des tisserands, des potiers et des orfèvres dans les différentes régions du *Tawantinsuyu* et les installent dans des villages nouvellement créés pour eux ou dans les capitales provinciales. Le contrôle de la production textile de qualité est en effet particulièrement important pour l'État puisque les vêtements de luxe servent à rétribuer les seigneurs locaux pour les services rendus à l'Inca, constituant une sorte de numéraire spécifique à l'élite. Les *kuraka* étaient de cette façon intéressés au maintien de l'ordre économique et politique instauré par les Cuzquéniens. Ils avaient en quelque sorte gagné en richesse et en statut ce qu'ils avaient perdu en autonomie de pouvoir. Quant au textile, nous connaissons cinq grands centres de production spécialisée, la plupart situés autour du lac Titicaca, c'est-à-dire en plein cœur de la plus grande zone d'élevage du *Tawantinsuyu*. Dans le village de Milliraya, créé sous *Wayna Qhapaq* sur les rives septentrionales du lac, vivaient des milliers de tisserands et de fabricants de vêtements en plumes amenés de diverses régions de l'empire. Cette gigantesque manufacture continua à fonctionner jusqu'en 1553, date à laquelle le cacique principal de la province annonça aux artisans que « le temps de l'Inca était fini » et qu'ils devaient retourner dans leurs villages d'origine.

La plupart de ces artisans spécialisés relevaient d'un statut différent de celui des paysans corvéables, celui de « serviteur » (*yana*). Détaché de sa communauté d'origine, **un *yana* n'était sujet à aucune corvée mais devait travailler à temps complet pour le compte d'un seigneur ou de l'Inca** qui pourvoyait en retour à ses besoins matériels. La condition de ces serviteurs perpétuels était héréditaire. La plupart des *kuraka* disposaient de *yana*. Nous connaissons le cas d'un cacique qui exerçait son autorité sur les 8000 foyers constituant l'une des provinces *lupaqa* et qui disposait de 40 foyers de *yana* pour son service personnel. Les souverains et les seigneurs incas entretenaient dans leurs maisons et leurs domaines de nombreux *yana* cuisiniers, porteurs, comptables, tisserands, agriculteurs, bergers, etc. Certains occupaient même les fonctions de *kuraka*, peut-être en remplacement d'autorités indigènes destituées par l'Inca. Le nombre des *yana* semble s'être fortement accru à l'époque impériale, répondant à une demande croissante des élites en biens somptuaires et en services. L'accroissement du nombre de ces travailleurs constitue probablement un des changements sociaux les plus notables de la période inca. Cette évolution vers la production intensive et spécialisée semble s'être produite surtout dans les régions au plus fort potentiel productif: les provinces de Cajamarca, des *Šawša*, des *Wanka*, des *Willkaš*, la vallée de Lima et celle de Cochabamba.

Mais les besoins textiles de l'État dépassaient encore en quantité et en diversité ce que pouvaient produire les ménages paysans et la production somptuaire des *yana*. Une autre catégorie de travailleurs spécialisés fut donc mise à contribution, les *aklla* ou « **(femmes) choisies** ». Elles avaient été sélectionnées vers l'âge de dix ans au sein des familles paysannes et vivaient cloîtrées au service de l'Inca et du Soleil dans des sortes de couvents manufactures existant dans toutes les villes incas. Les femmes choisies filaient, tissaient des vêtements pour les soldats et les divinités – auxquelles étaient offertes, par voie d'incinération, de grandes quantités de textiles – et préparaient de la bière de maïs pour les festivités par lesquelles l'État remerciait les travailleurs ayant accompli leur corvée. Certaines d'entre elles étaient finalement données comme épouses secondaires à des caciques ou à des personnages méritants.

Les femmes choisies selon Felipe Huaman Poma (1615)

COMMERCE

Dans le *Tawantinsuyu*, la terre, l'eau, les pâturages et le travail ne pouvaient être vendus ou achetés. **Il n'existait pas de commerce des articles de luxe**, l'État ayant le monopole de leur production et de leur distribution. Malgré la tendance des caciques montagnards à s'assurer, par la colonisation, le contrôle de zones de production non contiguës à leur territoire nucléaire, un troc interdomestique des biens de première nécessité (laine, viande, piment, coca) semble avoir existé un peu partout. Cependant, ces échanges indépendants des systèmes de redistribution contrôlés par les élites ne semblent pas avoir été suffisamment intenses pour qu'existent des commerçants, à de rares exceptions près, comme dans la vallée côtière de Chincha dont les marchands conduisaient leurs caravanes jusqu'à Cuzco et jusque sur le haut plateau pour y échanger du poisson sec et des calebasses contre du cuivre. Ils se rendaient aussi dans les provinces de Quito et sur la côte de l'actuel Équateur, d'où ils rapportaient du spondyle, de l'or et des émeraudes qu'ils vendaient aux caciques des vallées de la côte centre sud du Pérou.

Dans les Andes septentrionales, où n'existait pas de sociétés à « archipels écologiques », **des corporations de marchands** que les sources coloniales appellent « mindalaes » **assuraient le commerce à longue distance**, formant une catégorie sociale à part, distincte du commun des hommes en même temps que des nobles et qui versait au cacique un tribut en biens somptuaires. Les mindalaes acheminaient vers la côte le sel extrait dans les hautes terres ainsi que des produits manufacturés et en rapportaient du spondyle (*mullu*) et du poisson séché. Ils se rendaient aussi dans les zones tropicales orientales où ils échangeaient les produits montagnards contre de l'or, du piment et de la coca. Un trafic maritime intense existait le long de la côte. Lors de sa seconde incursion sur les confins septentrionaux du *Tawantinsuyu*, en 1526, l'expédition de Francisco Pizarro rencontra une embarcation équipée de voiles en coton et dont la capacité fut estimée à une quinzaine de tonnes. Une autre description espagnole de l'un de ces navires le juge assez grand pour transporter cinquante hommes et trois chevaux. Ces bateaux ne circulaient cependant que le long des côtes des Andes septentrionales et de l'Amérique centrale. En effet, au sud de Tumbes, le courant de Humboldt interdisait toute navigation le long des côtes du Pérou. C'est apparemment essentiellement par voie maritime et par l'entremise de commerçants que pénétrait dans l'empire, par le port de Tumbes, un bien de très grande valeur, le spondyle. La coquille de ce mollusque vivant dans les eaux tropicales tièdes était en effet offerte aux dieux, en poudre ou en petits morceaux, pour prévenir les sècheresses. Considéré plus précieux que l'or, le *mullu* entrait aussi dans la fabrication d'éléments de mobilier funéraire et d'objets de parure.

Il n'existait pas dans le *Tawantinsuyu* une monnaie universelle mais des monnaies semi universelles avec des domaines d'usage spécifiques : grains de cacao, feuilles de coca, spondyles (entiers, découpés ou fragmentés) et fiches de bronze ou, plus exactement, de cuivre arsenical. Seules ces fiches avaient une circulation « internationale », puisqu'on en produisait jusqu'au Mexique occidental. Leur valeur reposait sur le fait qu'elles pouvaient être fondues pour fabriquer des outils agricoles.

LES UNITÉS DE MESURE

Comme ailleurs dans le monde, **le corps humain est pour les Andins le point de départ de la mesure.** Les unités de distance étaient le « doigt » (*ruk'ana*), de l'extrémité du pouce à celle de l'index (12 à 14 cm) ; la palme (*k'apa*), qui mesurait environ 20 cm ; le « coude » (*kuchuch*), du coude à l'extrémité de la main (environ 45 cm) ; le « bras » (*rikra*), distance moyenne entre les pouces lorsqu'on avait les bras tendus horizontalement, soit environ 1,60 m. Le « bras » servait à mesurer la terre et était utilisé dans la construction. Les dimensions de plusieurs édifices et terrasses de la région de Cuzco et des centres administratifs de Huánuco et *Hatun Šawša* sont en effet fondées sur des multiples de 1,60 m. Les longues distances étaient mesurées en « pas » (*thatki*) et en « mesures » (*tupu*). Le *tupu* correspondait à une distance apparemment située entre 6,2 et 9,5 km. On a émis l'hypothèse selon laquelle la distance correspondant à un *tupu* variait en fonction du relief et dépendait d'un critère temporel : le *tupu* aurait été la distance que l'on pouvait parcourir à pieds en un certain temps. Une « mesure » en terrain accidenté aurait alors été plus courte qu'en terrain plat. Les Incas s'en servaient probablement pour calculer les distances séparant les différents points de leur empire puisque, selon les sources historiques, les routes étaient jalonnées de bornes situées à un *tupu* les unes des autres. Les archéologues n'ont malheureusement pas pu trouver traces de ces bornes. Le terme *tupu* désignait aussi une unité de surface, qui servait à mesurer les terres agricoles et semble avoir correspondu à la superficie nécessaire pour entretenir pendant une année un couple sans enfants. Cette surface variait énormément selon les zones de production, la qualité du sol et le rendement de la terre. Le maïs était mesuré en *puqcha* – que les sources espagnoles traduisent comme « fanègue » –, équivalant à 27,7 litres environ et fabriquée en bois. Les liquides étaient mesurés en cruches et en jarres ; la coca et le piment, en un certain type de paniers (*runku*) et les fruits, en un autre (*isanka*). Les habitants du *Tawantinsuyu* connaissaient aussi de petites balances, à filets ou à plateaux, mais il n'existait pas un système de poids standardisé.

La numération est fondée sur le système décimal qui dérive probablement du nombre des doigts des deux mains. Les comptables des Incas résolvaient les opérations de calcul complexes en déplaçant des grains de maïs, des haricots ou des cailloux sur une sorte d'**abaque**, faite d'un plateau creusé de cinq rangées de quatre trous, en pierre, en terre cuite ou en bois.

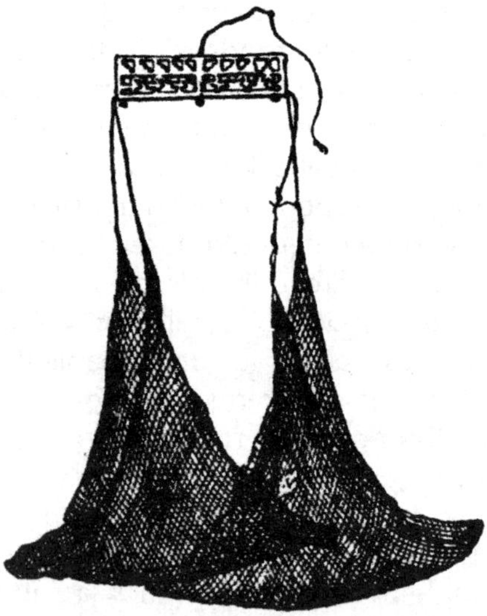

Balance à filets

LES INCAS ET LEURS SUJETS

V

LE TEMPS

Dans le Pérou ancien, **c'est l'observation astronomique qui permet d'organiser les activités agricoles et de disposer d'une structure temporelle fixe pour l'ensemble des activités sociales**. Il existe dans chaque village des personnes spécialisées dans l'observation du mouvement des astres au bénéfice de la collectivité. Les paysans semblent avoir fondé leur calendrier sur les phases de la Lune, plus faciles à observer avec précision que l'évolution de la course du Soleil au cours de l'année. Or, le retour des saisons n'est pas déterminé par les lunaisons mais par la course du Soleil, qui revient à un point spécifique de solstice tous les 365,2422 jours, alors que l'année lunaire ne compte que 354 jours. C'est l'observation des points où apparaissaient ou disparaissaient les étoiles à l'horizon, au début et à la fin de la nuit, qui semble avoir permis d'ajuster, selon des modalités que nous ignorons, ce calendrier lunaire à la durée réelle de l'année solaire. L'État inca développe pour sa part une technique d'observation du déplacement de la course du Soleil grâce à laquelle le souverain peut définir et réguler le calendrier rituel de la capitale et de tout l'empire. Ce calendrier solaire étatique, assez simple, joue un rôle important dans l'organisation impériale et contribue à expliquer la place centrale que le culte du Soleil occupe dans la religion inca (cf. Le Soleil, la Lune et l'étoile du matin, chap. VI).

Autant que nous le sachions, les anciens Péruviens n'avaient pas le souci d'attribuer des dates aux faits du passé. L'année étant un cycle astronomique dont le début et la fin constituent un choix purement arbitraire, qui n'a d'utilité que pour compter les années, **ils ne semblent pas avoir fixé de date de « nouvel an »**. Par conséquent, ils ne connaissaient pas leur âge et ne pouvaient pas dire « en quelle année » s'était produite telle ou telle chose. Pour les Incas, l'histoire n'était donc pas faite d'une suite d'événements inscrits dans une chronologie à partir d'une « année zéro », mais s'était déployée, sous l'impulsion du principe dualiste qui organisait l'univers (cf. *Wari / Wiraqucha* et l'Éclair, chap. VI), en une succession d'étapes ayant progressivement amené le monde vers la situation d'ordre, d'unité et de productivité qu'était censé constituer le *Tawantinsuyu*.

LE TEMPS DE LA VIE PAYSANNE

L'année inca était constituée de douze mois de 30 ou 31 jours totalisant un cycle solaire de 365 jours. Dans un pays où l'irrigation était utilisée pour semer avant le début d'une très courte saison des pluies, mais où des semis effectués trop tôt pouvaient être détruits par les gelées de la saison sèche et froide, il était crucial de déterminer avec exactitude le moment où effectuer chaque activité agricole, particulièrement les semailles. Le maïs étant la plante alimentaire de plus grande valeur, les calendriers cérémoniels étaient, autant que nous le sachions, fondés sur le cycle de cette plante. En ce qui concerne les Incas, **l'obtention de repères fixes dans l'année solaire se faisait grâce à un système de piliers que l'Inca *Pachakuti* avait fait élever sur certaines des lignes de crête qui dominent la vallée de Cuzco**. Ces piliers étaient disposés par groupes de quatre, deux grands piliers enserrant deux autres plus petits et séparés l'un de l'autre par environ deux mètres. Les piliers externes étaient destinés à rendre ce dispositif plus visible depuis un point d'observation situé au cœur de la capitale. Ces piliers étaient disposés, les uns à l'ouest, les autres à l'est. **En se levant ou se couchant dans chacun des créneaux dessinés à l'horizon par ces groupes de quatre piliers, le Soleil signalait avec précision les étapes décisives du cycle annuel**. Les solstices de décembre et de juin pouvaient ainsi être très précisément repérés. Ils marquaient, respectivement, le début de la pleine saison des pluies (*puquy mit'a*) et celui de la pleine saison sèche (*chiraw mit'a*), en même temps que celui des deux principales festivités religieuses des Incas, *Inti Raymi* (« Période du Soleil ») et *Qhapaq Raymi* (« Période Principale »).

D'autres paires de piliers marquaient le début et la fin de l'époque des semailles du maïs (août-septembre). Ces horloges monumentales s'appelaient *pacha unanchaq* (« qui signale le moment »)

L'Inca fête Inti Raymi *(« période du Soleil ») selon Felipe Huaman Poma (1615)*

et c'était elles, vraisemblablement, qui permettaient, plusieurs fois dans l'année, d'ajuster à 31 jours la durée de certains mois. Une observation exacte de la position du Soleil à son lever et à son coucher ne pouvait se faire que d'un seul point d'observation. Celui-ci se trouvait sur la place principale de Cuzco (*Hawkaypata*) et consistait en une structure comprenant un siège réservé à l'Inca et un conduit souterrain destiné à faire des offrandes liquides à la terre (d'où son nom : *ušnu* « enfoui »). Seul le souverain pouvait donc effectuer ces observations. Des centaines ou des milliers de personnes se rassemblaient à cette occasion sur la place pour assister à l'arrivée du Soleil dans l'une de ses « maisons » temporaires – les doubles paires de piliers – et à la **mise en scène du rôle médiateur de l'Inca entre le Soleil et les hommes**. Ce système, qui semble être antérieur aux Incas, existait également en d'autres endroits, notamment à Urubamba, dans la vallée du Vilcanota, où l'un des ces piliers – une véritable tour – est encore debout.

Les piliers solaires de Cuzco selon José de Acosta (1589)
Pour obtenir un compte rond et certain de l'année, ils avaient recours à cette subtilité : sur les collines qui entourent la ville du Cuzco (qui était la cour des rois Incas, et conjointement le plus grand sanctuaire de leurs royaumes, et pour ainsi dire une autre Rome) ils avaient disposé dans l'ordre douze piliers situés à telle distance et posture que, tous les mois, chacun indiquait où se levait le soleil et où il se couchait. Ils les appelaient *succanga* et, grâce à ce moyen, annonçaient les fêtes, l'époque des semences, des moissons et le reste. Ils faisaient certains sacrifices à ces piliers du soleil, conformément à leur superstition. Chaque mois portait un nom propre et distinct, et ses fêtes particulières.

TEMPS DE LA SOCIÉTÉ ET TEMPS DU MONDE

La religion andine, qui consacrait une grande partie de ses cultes aux ancêtres (cf. Le culte des ancêtres, chap. VI), renvoyait incessamment la société à son passé. **La mémoire historique des Incas et de beaucoup d'autres peuples andins s'exprimait de façon privilégiée à travers des batailles mimées commémorant les victoires anciennes et des danses accompagnées de chants** que l'on exécutait en l'honneur des momies des ancêtres ou lors des funérailles d'un roi. Même si certains souverains, comme *Pachakuti*, se sont efforcés de réorganiser cette mémoire à leur profit, les Incas ne semblent pas avoir institué une véritable « histoire générale » dont des spécialistes reconnus par tous les lignages de Cuzco auraient pu être les seuls dépositaires. Pour l'essentiel, la mise en scène publique des événements du passé est restée du ressort des descendants de chacun des lignages fondés par les souverains. Chaque *ayllu* avait ses propres chants et danses « historiques » qu'il exécutait périodiquement. Les chroniqueurs espagnols ont donc été confrontés à des traditions divergentes, voire incompatibles, qui coexistaient au sein même de l'élite. Une autre conséquence de la façon dont était transmise et célébrée la mémoire historique est que **l'histoire inca se confondait avec celle des souverains et concentrait son attention sur leurs conquêtes militaires**.

Les Incas n'ont pas confié la mémoire du passé à la seule oralité mais l'ont également fixée dans des quipous (cf. Les quipous, chap.

VII) dont le contenu a parfois été repris par les chroniqueurs espagnols. Ils semblent y avoir consigné des événements, les noms de leurs protagonistes et des lieux où ils s'étaient produits. Rien ne laisse penser, par contre, qu'ils y inscrivaient des dates ou des durées. Quelques chroniqueurs plutôt tardifs, comme Pedro Sarmiento de Gamboa (1572), Miguel Cabello de Valboa (1586) et Felipe Huaman Poma (1615), proposent des dates pour les règnes des différents Incas mais de façon totalement divergente. Le premier donne à la plupart de ces règnes une durée d'environ un siècle. Bien que les dates proposées par le second soient plus vraisemblables et que, pour cette raison, certains historiens modernes les reprennent à leur compte, rien ne laisse penser qu'elles soient fondées sur un comput indigène. En l'absence d'une date marquant le début de l'année, on voit mal comment les Incas auraient fait des calculs annuels et **nous ne pourrons sans doute jamais disposer d'une chronologie absolue de l'histoire inca**, même pour ses dernières décennies. Nous savons seulement que les règnes de *Pachakuti*, *Thupa Inka* et *Wayna Qhapaq* ont été relativement longs, particulièrement celui du premier d'entre eux, mort à un âge très avancé.

Nul terme quechua ou aymara n'exprime la notion d'un temps homogène et abstrait, transcendant à des moments particuliers. Ceux-ci ne sont pas non plus détachés du monde physique mais pensés à partir de l'espace, et le terme pouvant être traduit, dans certains contextes, par « moment » ou « époque » (*pacha*) a en réalité pour signification première « lieu, endroit ». C'est en effet en des lieux et non en des moments inscrits dans une chronologie que s'inscrivaient les événements. Tout fait passé, proche ou lointain, était advenu *ñawpa pacha*, expression que l'on peut traduire par « autrefois » mais qui signifie littéralement « lieu (*pacha*) devant les yeux (*ñaw(i)-pa*) », non seulement parce que le passé, étant connu, était visible, mais aussi parce qu'il était inscrit dans le paysage : Cuzco et ses alentours étaient densément peuplés de lieux auxquels étaient accrochés les événements de l'histoire inca et qui avaient été façonnés par eux. Nombre de ces lieux faisaient l'objet d'un culte par lequel les Incas sacralisaient leur histoire, la capitale et ses abords apparaissant comme un immense reliquaire historique. Pour les Incas de l'époque de la conquête espagnole, douze souverains auraient régné depuis *Manqu Qhapaq*. **Douze génération**, soit, pour nous, trois siècles seulement, **telle était la profondeur que les Incas donnaient au temps historique**.

Manqu Qhapaq, *ancêtre des Incas, selon Felipe Huaman Poma (1615)*

De nombreux événements étaient cependant situés par la tradition orale avant l'apparition des ancêtres fondateurs des lignages actuels, c'est-à-dire avant la naissance des sociétés du présent, à une époque que nous pourrions qualifier de primordiale. Rien d'analogue à un mythe de création du monde ne semble avoir existé dans les Andes anciennes, bien que cette création soit mentionnée par des chroniqueurs sérieux tel Juan de Betanzos et Cristóbal de Molina parce qu'eux-mêmes et peut-être leurs informateurs étaient influencés par la manipulation chrétienne des mythes incas. De même que l'année ne connaissait pas de début mais était ponctuée de passages d'une période à une autre (solstices, débuts des semailles, etc.), **l'histoire du monde n'avait pas eu de commencement mais s'articulait autour de deux événements de portée universelle : la première apparition du Soleil et le « Déluge »** (*unu pachakuti* « retour d'époque par l'eau »). Le premier d'entre eux avait instauré l'alternance du jour et de la nuit, mettant fin à l'époque où les hommes vivaient dans une semi obscurité.

Apparemment, la tradition était peu prolixe sur l'existence des hommes des temps pré solaires. Le second de ces événements, un déluge ayant détruit partiellement ou complètement l'humanité, semble avoir été commun aux traditions de nombreux peuples de l'empire inca, au moins dans sa partie centrale et septentrionale. Les eaux de l'océan étaient montées, recouvrant la totalité de la terre à l'exception de quelques montagnes qui avaient haussé leur sommet afin de sauver les hommes qui s'y étaient réfugiés.

Le mythe du Déluge selon l'auteur indigène Tomás (vers 1608)

Autrefois, le monde allait s'achever. Un lama, sachant que la mer était sur le point de déborder, bêlait comme s'il souffrait beaucoup et ne voulait pas manger malgré la qualité du pâturage et les ordres de son maître. Alors celui-ci, très fâché, jeta contre lui l'épi de maïs dont il venait de manger les grains, et lui dit : « Mange, brute ! L'herbe où je te fais paître est excellente ». Alors, le lama se mit à parler comme un être humain : « Idiot, à quoi penses-tu ? D'ici cinq jours la mer débordera et le monde entier finira ». L'homme, angoissé, lui demanda : « Qu'adviendra-t-il de nous ? Où irons-nous nous réfugier ? » Le lama lui répondit : « Allons sur la montagne de Huillcacoto ; là nous serons saufs. Apporte de quoi manger pendant cinq jours ». Alors, l'homme, sans tarder, partit, emportant le lama et sa nourriture. Arrivé à la montagne de Huillcacoto, il la trouva déjà remplie d'animaux de toutes les espèces, pumas, renards, guanacos, condors et bien d'autres encore. C'est alors que la mer déborda. Lorsqu'elle eut recouvert toutes les montagnes, tous ces êtres s'entassèrent sur la petite cime de Huillcacoto qui, seule, ne fut pas atteinte par les eaux. L'eau mouilla la queue du renard qui se noircit. Cinq jours après, l'eau redescendit et s'évapora. Ainsi, la mer se retira après avoir tué tout le monde. Par la suite, cet homme se mit à se multiplier. C'est pour cela qu'il y a encore des hommes aujourd'hui.

Selon d'autres versions, certains s'étaient abrités dans des concavités épargnées par l'eau (comme une grotte ou le tronc d'un arbre) ou s'étaient sauvés sur un objet flottant (barque, tambour, etc.). Ces rescapés avaient ensuite repeuplé leurs provinces respectives. Si le premier lever du Soleil permet l'instauration d'un principe d'alternance, celle du jour et de la nuit, dans le fonctionnement du cosmos, le Déluge semble être à l'origine de la relation d'opposition et de complémentarité entre l'espace habité par les hommes (*llaqta*) et l'espace non domestiqué de la montagne (*urqu*). En effet, les *wak'a*, qui personnifient les espaces sauvages entourant chaque *llaqta* (cf. Les *wak'a*, chap. VI), étaient autrefois des hommes, plus précisément, les seigneurs des sociétés d'avant le Déluge. Bien que les nations « antédiluviennes » aient été anéanties, les hommes du présent continuent à entretenir une relation avec leurs anciens seigneurs, figés en des montagnes inhabitées et non cultivées.

Les Incas préférèrent une autre version de l'origine des temps actuels. Selon eux, tous les hommes des temps primordiaux auraient péri lors du Déluge ou auraient été transformés en pierre par le dieu *Wiraqucha*. Celui-ci aurait créé de nouveau les ancêtres des différents lignages du futur *Tawantinsuyu* en les façonnant dans la terre ou la pierre à Tiahuanaco et en les dotant de tous leurs attributs culturels (vêtements, coiffures, insignes, langues, etc.). Deux versions des événements qui suivent semblent avoir coexisté à Cuzco. Selon l'une d'elles, la moins incompatible avec le mythe du Déluge tel qu'il était raconté par les autres peuples, *Wiraqucha* aurait envoyé les ancêtres fondateurs des *ayllu* parcourir sous la terre le chemin menant jusqu'à leur futur territoire ou à ses proches abords. Ils seraient apparus à la surface de la terre par une grotte, une source, le dessous d'un tronc d'arbre, etc. *Manqu Qhapaq*, par exemple, sortit avec ses trois frères et quatre sœurs de la caverne de *Tampu T'uqu* (« Caverne du Caravansérail », également connue sous le nom de *Paqariq Tampu* « Caravansérail du Lever du Jour »), à une quarantaine de km au sud-ouest de Cuzco. Selon l'autre version, le dieu *Wiraqucha* aurait fait sortir les ancêtres de tous les groupes ethniques du *Tawantinsuyu* par cette même caverne, après les Incas qui seraient ainsi les aînés de toute les nations, donc leurs seigneurs légitimes. Dans ses différentes versions, **le mythe inca de l'origine des peuples du *Tawantinsuyu*** présente une originalité par rapport à ce que nous savons des versions transmises par les peuples conquis : il **réduit la portée du polygénisme traditionnel** (cf. Le culte des ancêtres, chap. VI) et fait des nations de l'empire non pas les descendantes des peuples antédiluviens, que rien ne rattachait à un lieu d'origine commun, mais des créatures récentes du dieu tutélaire des Incas, *Wiraqucha*, toutes façonnées dans le même lieu et même, selon l'une des versions, toutes venues au monde par la même grotte. **Le mythe inca fait passer le *Tawantinsuyu* non pour une innovation absolue dans l'histoire du monde mais pour la restauration de l'unité des lendemains du Déluge**.

Les étapes de l'histoire du monde telle que la racontaient les Incas ne ressemblent guère aux « âges » successifs de l'histoire médiévale car elles s'emboîtent les unes dans les autres. Le premier lever héliaque distingue deux grandes ères : les temps obscurs et l'ère solaire. À l'intérieur de cette dernière, le Déluge sépare deux périodes : celle où les *wak'a* vivaient encore parmi les humains et la nôtre, où ils occupent et constituent l'espace sauvage. À ces deux moments de rupture dans l'histoire du monde, qui instaurent les différences nuit/jour puis nature/société, l'idéologie impériale des Incas en a ajouté un troisième, l'avènement de l'empire. Les Incas prétendaient en effet que les lignages (*ayllu*) du début de la période postdiluvienne n'étaient pas confédérés en nations (*llaqta*) placées sous l'autorité de caciques, mais se déchiraient en guerres continuelles pour s'approprier des terres situées sur différents étages écologiques et parvenir à l'autarcie. On appelait cette époque *purum pacha* « époque des terres non cultivées » car, l'activité guerrière prévalant sur l'agriculture, de nombreuses terres demeuraient en friche (*purum*). Opposant cette « époque inculte » et le temps de l'Inca (*inka pacha*), l'idéologie impériale s'efforça d'accréditer l'idée selon laquelle le *purum pacha* coïncidait avec l'époque antérieure à la domination cuzquénienne et les Incas avaient imposé aux *ayllu* des pactes garantissant des échanges générateurs de paix et de développement des forces productives. L'avènement du *Tawantinsuyu* concrétisait ainsi sur le plan de la société le principe de complémentarité entre des opposés qui s'était déjà déployé antérieurement sur les plans temporel (**1**) et spatial (**2**) :

Succession des époques du monde

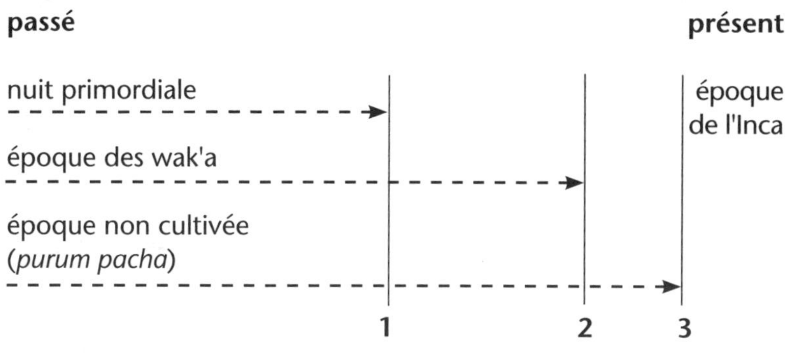

1 = Première apparition du Soleil
2 = Déluge (*unu pachakuti*)
3 = Avènement de l'empire (*Pachakuti*)

Pour les Incas, l'origine est donc une indifférenciation primitive et **le monde est en proie à une transformation continue progressant vers davantage de différenciation fonctionnelle et de discontinuité des formes,** facteur de complémentarité plutôt que de rivalité, donc de paix et de productivité. Ils ne pensent pas une création du monde impliquant un projet et un Créateur, mais un dispositif immanent dont le dynamisme repose sur **un principe de polarité** s'exprimant dans les oppositions nuit/jour, espace sauvage/espace habité, époque non cultivée/époque de l'Inca. Dans l'idéologie impériale, les changements cosmiques et historiques – c'est pour les Incas une même chose – s'enchaînent sous l'effet de cette polarité, sans cause première, générant toujours plus d'ordre et de stabilité. **Le *Tawantinsuyu* se présente ainsi comme l'aboutissement d'une maturation profonde du monde** et s'inscrit dans la continuité silencieuse d'un processus cosmique. C'est probablement la raison pour laquelle les Incas ne se sont guère souciés de mettre en scène l'événement – c'est-à-dire, le fait exceptionnel – et n'ont pas connu de théâtre. Leurs mises en scène de l'histoire privilégiaient l'imitation des batailles du passé, c'est-à-dire la répétition rituelle du jeu des polarités. Mais le temps semble avoir été pour les Incas tout autant cyclique que progressif, l'avénement d'une époque nouvelle impliquant un certain retour en arrière. C'est ce que suggère notamment le terme *pachakuti* « retour d'époque » par lequel on désignait tout à la fois le Déluge et l'Inca que la tradition du XVIe siècle tenait pour le créateur de l'empire, apparemment parce que cet événement cosmique et ce règne marquaient une sorte de « retour à la case départ » après épuisement des forces de l'époque qui s'achevait.

VI

LA RELIGION

C'est aux chroniqueurs des XVIe et XVIIe siècles que nous devons la plupart de nos informations sur la religion des Incas. Cependant, rares sont ceux qui l'ont observée alors qu'elle était encore pleinement pratiquée. En effet, en raison de leur intégration aux structures du pouvoir colonial, les Incas ont abandonné leurs cultes relativement tôt. Ainsi, *Pawllu* et son entourage se sont convertis au christianisme dès 1543. Et, même si les funérailles de cet Inca, en 1549, ont encore combiné rites autochtones et chrétiens, les pratiques religieuses des Incas ne semblent guère avoir survécu au tournant du milieu du XVIe siècle. La confiscation de la plupart des momies royales, en 1559, et leur envoi à Lima, où elles furent enterrées en un lieu inconnu, y ont pratiquement mis un point final. Nos principales sources sur la religion des Incas sont donc en grande partie des témoignages indirects, qui offrent des visions de la réalité plus ou moins biaisées par les intentions politiques et les positions idéologiques des auteurs et/ou de leurs sources et de leurs informateurs.

Les fameux ***Commentaires royaux* de Garcilaso**, en particulier, ont fixé pour plusieurs siècles une certaine image de la religion des Incas. Le talent littéraire de leur auteur et la confiance qu'a su inspirer ce fils d'un conquistador et d'une petite fille de *Thupa Inka* ont beaucoup fait pour assurer le crédit de cette apologie de l'empire inca. **L'auteur métis y développe la thèse selon laquelle la Providence aurait guidé les Incas dans leur entreprise d'unification politique et linguistique des Andes, préparant ainsi le Pérou à la propagation de l'Évangile.** Les Incas auraient également prédisposé intellectuellement leurs sujets au monothéisme chrétien, en promouvant le culte du Soleil comme divinité suprême – une forme d'idolâtrie que l'anthropologie chrétienne jugeait supérieure aux autres – aux dépends de celui des créatures inférieures (pierres, animaux, etc.) qu'étaient censés adorer avant eux les peuples du Pérou. Les Incas auraient même conçu, par leur raison naturelle, l'existence d'une « première cause », supérieure à l'astre diurne lui-même. L'élite de Cuzco l'aurait adoré, en pensée, sous le nom de *Pachakamaq*, auquel Garcilaso donne le sens de « celui qui donne âme au monde ».

Cette interprétation de la religion inca s'est imposée jusqu'au début du XXe siècle et l'idée selon laquelle les Incas auraient conçu un dieu créateur pèse encore parfois sur l'historiographie contemporaine. Cependant, l'étude du vocabulaire religieux quechua ancien et l'analyse des documents rédigés par des ecclésiastiques directement confrontés aux pratiques et aux représentations religieuses d'autres peuples de l'ancien *Tawantinsuyu* – notamment les procès pour idolâtrie intentés au XVIIe siècle dans l'archevêché de Lima –, sont en train de transformer notre compréhension de la religion des Incas. **On voit mieux aujourd'hui l'unité profonde des systèmes religieux des Andes centrales**. Ils sont le produit d'un même processus de développement culturel, avec, pendant des millénaires, un contact constant et une influence mutuelle qui permet de reconnaître une même divinité chez différents peuples et sous différents noms : *Wiraqucha* et *Illapa*, à Cuzco, sont *Wari* et *Lliwyaq*, respectivement, dans le centre du Pérou. On connaît beaucoup moins les religions des habitants de la côte car ceux-ci ont presque tous péri avant que l'Église ne s'intéresse à leurs « idolâtries ». Les cultes des peuples des extrêmes nord et sud de l'empire sont encore moins documentés. Je décrirai donc ici l'armature commune aux religions des hautes terres des Andes centrales au moment de la conquête espagnole, en montrant comment les Incas ont développé sur cette base des cultes exaltant leur domination impériale.

LE CULTE DES ANCÊTRES

Les peuples du Pérou ancien consacraient à leurs morts beaucoup d'attention et de soins. Les corps des défunts étaient conservés en des lieux protégés de l'humidité et du contact avec le sol, abondamment aérés, où ils pouvaient se dessécher sans se putréfier. **Le fondateur du lignage faisait l'objet d'un véritable culte.** Une ou plusieurs personnes étaient chargées du service de sa momie, à laquelle elles faisaient des offrandes de nourriture, de boisson et de coca. On la sortait périodiquement de son sépulcre pour la faire boire et manger en compagnie des vivants et d'autres momies d'ancêtres, et pour changer ses vêtements. On l'interrogeait sur des questions importantes et on dansait et chantait ses hauts faits lors des fêtes annuelles que l'*ayllu* consacrait à son fondateur.

Le culte des morts à Cuzco selon Pedro Pizarro (1571)

[La plupart des habitants de la capitale] servait ces morts et chaque jour les portait sur la place et les asseyait en rang, par ordre d'ancienneté. Puis leurs serviteurs et leurs servantes mangeaient et buvaient à leurs côtés. Ils préparaient pour les morts, devant eux, des bûchers d'un bois taillé et coupé de façon très régulière, très sec, et, une fois allumés, ils y brûlaient tout ce qu'ils avaient disposé devant le mort pour qu'il consomme les mêmes choses que mangeaient [les vivants] et que ceux-ci consumaient dans ce feu. Ils posaient aussi devant ces morts de grands vases (qu'ils appelaient *birques*) en or, en argent ou en terre, au gré de chacun, y versaient de la bière de maïs et la servaient au mort, en la lui montrant. Les morts s'en offraient les uns aux autres, ainsi que les morts aux vivants et les vivants aux morts. Une fois ces *birques* pleins, ils les déversaient sur une pierre ronde qu'ils tenaient pour idole, au milieu de la place, autour de laquelle était construit un petit bassin d'où [la bière de maïs] disparaissait par des canalisations souterraines.

L'ancêtre fondateur était censé s'être constitué, par la guerre, un territoire propre, permettant à l'*ayllu* issu de lui d'exister comme un groupe autonome. **La célébration de sa mémoire avait avant tout pour fonction d'affirmer les droits de ses descendants sur leurs terres et leurs canaux d'irrigation**. Dans les provinces de *Waylla* et *Kašatampu*, on se référait aux ancêtres par le terme de *mallki*, qui désigne de façon première, en quechua, tout végétal ayant été planté par l'homme. On établissait ainsi une analogie entre la prise de possession du territoire par l'ancêtre guerrier et l'enracinement dans une terre d'une plante destinée à y produire des fruits – ses descendants. Dans les sources anciennes, la traduction « ancêtre » (*progenitor*) qui est donnée pour le terme *mallki* est d'ailleurs parfois doublée de celle de « semence » (*semilla*), afin de donner à comprendre cette métaphore. À leur mort, les ancêtres des différents *ayllu* s'étaient dédoublés en des monolithes oblongs plantés dans le sol des villages ou dans les champs, appelés *wanka* dans le centre du Pérou et *wank'a* à Cuzco.

*Un monolithe sculpté (*wanka*) de la culture Recuay représentant un ancêtre fondateur*

Manqu Qhapaq et ses frères s'étaient ainsi changés en rochers, et le double minéral de l'ancêtre des Incas se trouvait dans le principal sanctuaire de Cuzco, l'Enclos Doré (*Qurikancha*). Ces monolithes étaient l'expression tangible de l'acte primordial d'occupation d'un territoire, leur forme phallique évoquant l'appropriation fertile de la terre féminine par l'ancêtre masculin. **En l'échange du culte qu'on lui rendait, le fondateur de l'*ayllu* devait garantir la fertilité des champs et la vitalité des humains.**

Si l'Inca accède après sa mort au statut d'ancêtre et reçoit à ce titre un culte de la part de ses descendants, la plupart des fondateurs de lignages dont il est question dans nos sources historiques ont accompli leur geste à une époque reculée, que l'on peut qualifier de mythique. Les exploits qu'on leur attribue relèvent en effet du surnaturel : l'un d'eux a fait jaillir des plantes de maïs ou de pomme de terre sur ses mains, en soufflant dessus, tandis qu'un autre a pris la forme d'un condor pour parcourir son territoire.

En outre, à l'exception du cas assez particulier des rois incas, **les fondateurs d'*ayllu*** n'ont pas eu une naissance humaine. **Certains sont venus de l'océan souterrain et sont apparus en ce monde par une grotte ou une source. D'autres sont sortis d'œufs**

Possible représentation d'un ancêtre huari apportant le maïs, sur une céramique nazca

descendus du ciel et déposés sur le sommet d'une montagne. Ces lieux d'origine étaient appelés en quechua *paqarina* « lieu d'apparition » et faisaient eux-mêmes l'objet d'un culte. L'ancêtre « apparaît » souvent accompagné de « frères » qui émergent d'orifices ou d'œufs voisins. Ces frères donneront leur origine à des *ayllu* qui resteront fédérés par la relation unissant leurs fondateurs. Tous les êtres humains ne descendent donc pas d'un couple originel, comme dans le christianisme, mais d'ancêtres différents, qui légitiment l'autonomie de chaque lignage et l'inaliénabilité de son territoire et de ses ressources. Ce **polygénisme**, qui est étroitement lié à l'organisation sociale andine, constituera une des principales pierres d'achoppement pour la christianisation.

Les Incas ne pratiquaient l'embaumement que de façon exceptionnelle, même pour les souverains. Juan Polo de Ondegardo, le fonctionnaire espagnol qui découvrit et confisqua les momies des Incas en 1560, signale que seules certaines d'entre elles étaient embaumées. Le plus souvent, on se contentait d'exposer le corps à l'action de l'air sec et froid des cimes, afin de le déshydrater, sans en extraire les viscères. La peau était parfois badigeonnée d'une substance favorisant sa conservation (notamment de la résine de poivrier mélangée avec de la chaux). Grâce à la sècheresse du climat andin, les cadavres pouvaient se conserver en bon état pendant plusieurs siècles. La momie était placée en position assise, les genoux au menton, et gardée dans un sanctuaire ou une maison.

Description des momies de trois rois et de deux reines incas par Garcilaso (1609)

[L'Inca *Wiraqucha*] tint le sceptre plus de cinquante ans comme il paraissait à voir son corps qui me fut montré au Cuzco au commencement de l'an 1560, alors que sur le point de m'en venir en Espagne j'allai à la maison du licencié Polo de Ondegardo, natif de Salamanque et corregidor de cette ville, pour lui baiser les mains et lui faire mes adieux. Entre autres faveurs qu'il me fit, il me dit : « Puisque vous allez en Espagne, entrez dans cette salle, vous verrez quelques-uns des vôtres que j'y ai exposés ; vous serez bien aise de dire là-bas ce que vous avez vu. » Dans la salle je trouvai cinq corps des rois incas, trois d'hommes et deux de femmes. Le premier, à ce que disaient les Indiens, était celui de l'Inca Viracocha qui par la tête, qu'il avait blanche comme la neige, montrait bien qu'il avait vécu longtemps. Le second était, disaient-ils, le grand Tupac Inca Yupanqui, arrière-petit-fils de l'Inca Viracocha. Le troisième était Huaina Capac, fils de Tupac Inca Yupanqui, et arrière-arrière-petit-fils de l'Inca Viracocha. Quant aux deux derniers corps, ils ne paraissaient point avoir vécu si longtemps que les autres, du moins ils n'avaient pas la tête aussi blanche que celle de l'Inca Viracocha. L'un était celui de la reine Mama Runtu, femme de ce même Inca Viracocha, et l'autre de la Coya Mama Ocllo, mère de Huaina Capac. [...] Les corps étaient si entiers qu'il ne leur manquait pas un cheveu, ni un cil, ni un sourcil. Ils étaient vêtus comme durant leur vie, et n'avaient pour tout ornement et pour toute marque de royauté que le llautu sur la tête. Ils étaient assis à la façon des Indiens et des Indiennes, les mains croisées sur la poitrine, la droite sur la gauche, les yeux baissés comme s'ils regardaient le sol. [...] Je me souviens que je touchai un doigt de la main de Huaina Capac ; il me sembla être d'une statue de bois, tant il était dur et résistant. Ces corps pesaient si peu que n'importe quel Indien en pouvait porter un dans ses bras ou sur ses épaules, et il parcourait ainsi les demeures des Espagnols qui voulaient les voir. On les transportait recouverts de draps blancs ; les Indiens s'agenouillaient dans les rues et sur les places, et les révéraient avec des larmes et des gémissements. Beaucoup d'Espagnols ôtaient leurs chapeaux, car c'étaient des cadavres de rois.

L'Inca (debout) offre de la bière de maïs aux momies d'un souverain (assis) et de son épouse (à genoux)

LES *WAK'A*

L'autre grande catégorie d'êtres adorés par les Incas et leurs sujets était celle des *wak'a* qui, contrairement aux ancêtres fondateurs, qui étaient tous des hommes, pouvaient être masculins ou féminins. **Certains des humains qui vivaient dans les temps primordiaux, antérieurs à la fondation des lignages actuels, se sont changés**, comme conséquence d'un comportement d'exception, **en un élément du paysage, le plus souvent en une montagne, devenant ainsi des *wak'a*.** Ceux-ci existent parallèlement dans le présent – celui de l'époque des Incas – sous forme de pierres transportables, sculptées ou présentant une forme naturellement singulière. On ne comprend pas encore bien comment la mémoire des exploits ou des méfaits des *wak'a* s'est transmise aux hommes du présent. Peut-être par l'intermédiaire des ancêtres fondateurs, réputés avoir été engendrés par les *wak'a,* selon un processus encore mal connu. Bien que géniteurs des fondateurs d'*ayllu,* les *wak'a* ne peuvent être considérés comme des ancêtres à proprement parler. En effet, la relation qui unit un lignage à son ou ses *wak'a* semble moins généalogique que territoriale : un *ayllu* s'installant sur un nouveau territoire adopte souvent le culte du *wak'a* du lieu. Autant qu'on le sache, il ne fait pas de même avec les ancêtres fondateurs des lignages qui y sont déjà établis.

Les ancêtres des *ayllu* actuels n'ont pas créé leurs domaines fonciers à partir de rien. Les premiers d'entre eux, au moins, occupent des territoires dont les contours ont déjà été définis par leurs prédécesseurs, les *wak'a*. Beaucoup de lignages possèdent ainsi leur propre *wak'a,* auquel ils font remonter l'identité de leur territoire. Le culte du *wak'a* propre à un lignage redouble en quelque sorte celui de l'ancêtre fondateur. Mais chaque *ayllu* rend aussi à un culte à un *wak'a* d'un rang supérieur, sans équivalent parmi les ancêtres, celui qui exerce sa tutelle sur plusieurs lignages confédérés en une « nation » (*llaqta*). Le mont *Paryaqaqa* était ainsi le *wak'a* patron de la province de Huarochirí, tandis que le mont *Raku* exerçait sa tutelle sur la province de *Chinchayqucha,* etc. **Les Incas avaient quant à eux pour *wak'a* principal le mont *Wanakawri*,** qui domine la vallée de Cuzco. Celle-ci ne constituait pas pourtant, selon les traditions historico mythiques des Incas, leur territoire originel, mais, parce que *Manqu Qhapaq* avait conquis cette vallée, ses descendants rendaient un culte au *wak'a* qui la personnifiait.

La langue quechua établit une opposition entre les termes *llaqta* « lieu habité » et *urqu* « montagne », celle-ci étant l'archétype de l'espace non humain, expression de l'essence du *wak'a* et complément nécessaire du monde villageois. Pour les habitants des vallées, ce complément est avant toutes choses l'eau qui descend de la montagne et irrigue les terres cultivées. Dans certains cas, au moins, nous savons que le *wak'a* était conçu comme le réseau hydrographique souterrain dont la montagne est le point de formation et les lacs et les sources, les résurgences. **Le culte des *wak'a* est donc, pour les agriculteurs, essentiellement orienté vers l'obtention d'eau.** Mais, comme les ancêtres, les *wak'a* communiquent également leur force génératrice aux hommes qui occupent leur territoire, et fécondent leurs champs et leurs troupeaux. En effet, les *wak'a* sont mieux dotés encore en puissance vitale que les ancêtres fondateurs et les récits concernant leurs exploits dans les temps primordiaux dépassent en merveilleux ceux attribués aux *mallki*. Ainsi, le *wak'a Šamuna*, de la province de Huarochirí, était capable, à l'époque où il était un homme, de se multiplier en mille guerriers pour défendre son peuple contre ses ennemis. En échange des bienfaits qu'ils dispensent dans l'actualité, les *wak'a* sont l'objet d'offrandes analogues à celles que l'on fait aux fondateurs d'*ayllu*. En tant que patrons des *llaqta*, une de leurs attributions spécifiques semble avoir été d'envoyer aux hommes maladies et calamités en cas de manquement aux obligations religieuses ou d'infraction à certaines règles morales ou sociales.

WARI / WIRAQUCHA ET L'ÉCLAIR

La foule des ancêtres et des *wak'a* adorés dans l'empire s'intégrait en deux grandes structures inclusives, les *wak'a* étant censés descendre, les uns de *Wiraqucha*, les autres de l'Éclair. **Le panthéon andin était donc dominé par une dyade qui structurait le monde en deux sphères opposées et complémentaires.** Alors que les *wak'a* étaient des divinités locales, les « esprits » de lieux, *Wiraqucha* et l'Éclair étaient des divinités cosmiques.

Le dieu que les Incas et les habitants du bassin du lac Titicaca appelaient *Wiraqucha* était connu sous le nom de *Wari* dans le centre du Pérou actuel. L'étymologie de ce nom est *wara-y*, qui signifie « lever du jour » dans les dialectes quechuas de cette région. La forme *Wiraqucha* en dérive très probablement, par métathèse (*wari* > *wira*) et adjonction du terme *qucha* « lac ». L'étymologie de *Wiraqucha* serait ainsi « lac du lever du jour ». On sait en effet que *Wari / Wiraqucha* était une divinité émanant de l'océan souterrain – ou qui était cet océan lui-même – sur lequel flottait la croûte terrestre et dont remontaient les eaux approvisionnant lacs et sources. Le Soleil plongeait chaque soir dans cet océan pour en ressortir au matin, d'où, probablement, le nom de « lac du lever du jour » que portait ce dieu des eaux inférieures. ***Wiraqucha* présidait à l'agriculture d'irrigation**, dont l'existence dépendait de l'abondance en eaux des sources et des lacs alimentant les canaux. Dans les temps anciens, il parcourut le monde pour créer les parcelles à cultiver, les murets qui les délimitent et les systèmes d'irrigation, répartissant ces ressources entre les différents *ayllu* et enseignant aux hommes les techniques agricoles. Une des principales épithètes que les Incas donnaient à *Wiraqucha* était d'ailleurs celle de *pacha yachachiq* « celui qui aménage le sol ». Cette expression désignait aussi bien l'acte primordial de création des infrastructures agricoles, qu'une intervention constante du dieu dans les cycles annuels de la production. L'avènement de ce type d'agriculture et de ce nouvel ordre rencontra l'opposition des *wak'a*, ou de certains d'entre eux, que *Wari / Wiraqucha* vainquit et transforma en pierres.

L'Éclair, quant à lui, était un dieu triple, personnifiant des phénomènes distincts mais étroitement liés : l'éclair, le tonnerre et la foudre. On lui donnait divers noms, selon les régions : *Lliwyaq* « Ciel Clair », dans le centre du Pérou, *Illapa* « Éclair », à Cuzco, et *Qhaqya* « Tonnerre », dans les régions situées au sud de la capitale. Cette divinité cosmique avait en outre plusieurs épiphanies constituant autant de divinités régionales, comme Catequil, dans les provinces de Cajamarca et Huamachuco, ou *Paryaqaqa* (« Rocher Vermillon »), dans celle de Huarochirí. Alors que *Wiraqucha* était le dieu du monde souterrain et des eaux qui en émanaient par les sources et les lacs, **l'Éclair était le dieu du ciel, des phénomènes atmosphériques et de la pluie.** On se le représentait comme un grand homme mince qui parcourait le ciel, une massue dans une main et une fronde dans l'autre. Le tonnerre était le claquement de sa fronde ; l'éclair, l'éclat des ornements brillants qui recouvraient son corps ; et la grêle, les pierres qu'il tirait sur la terre. Il faisait descendre la pluie de la Voie Lactée, que l'on concevait comme une grande rivière traversant le ciel. **La dyade qui présidait le panthéon andin déterminait ainsi une opposition cosmique entre eaux inférieures et supérieures.** Elle incarnait également deux principes qui gouvernaient l'alternance des saisons : **la chaleur humide de l'époque des pluies, manifestation de *Wari / Wiraqucha*, et la chaleur sèche des mois d'étiage, dont le maître était l'Éclair.** D'où le nom de *Lliwyaq* que celui-ci portait dans le centre du Pérou et que les Espagnols traduisirent parfois par « clarté du ciel » (*claro del cielo*), ou encore le qualificatif de *ruphay* « chaleur brûlante » qui lui était appliqué.

Ce dualisme fondamental trouvait son assise dans le principe d'opposition et de complémentarité sociales et économiques qui existait au sein de chaque société locale entre les *ayllu* exploitant les vallées tempérées, domaine de l'agriculture d'irrigation, et les *ayllu* pratiquant l'élevage et la culture des tubercules dans la *puna*. *Wari*

/ *Wiraqucha*, qui présidait à l'agriculture irriguée, était en effet le dieu tutélaire des habitants des vallées, tandis que ceux des steppes d'altitude se considéraient comme « fils de l'Éclair ». Au-dessus de 4000 m, en effet, les orages sont violents et le brouillard particulièrement épais. L'Éclair était également celui qui conférait leurs pouvoirs aux chamanes guérisseurs, dont l'arsenal thérapeutique provenait pour l'essentiel de la flore sauvage poussant au-dessus de 3800 m. À ce niveau supérieur du panthéon andin s'établissait une sorte de contrat d'échange de dieux entre cultivateurs de maïs et bergers : les protégés de *Wari* / *Wiraqucha* rendaient périodiquement un culte au dieu tutélaire des fils de l'Éclair et réciproquement. Le culte de l'un ou l'autre des grands dieux n'était donc exclusif d'aucun groupe mais avait plus ou moins de pertinence selon les *ayllu*. Pour les cultivateurs de maïs qu'étaient les Incas, par exemple, *Wiraqucha* était une divinité plus importante qu'*Illapa*. En revanche, les *Chiqa*, bergers et cultivateurs de tubercules de la province de Huarochirí, considéraient *Paryaqaqa*, épiphanie régionale de l'Éclair, comme le principal de leurs dieux. **Le culte de *Wari* / *Wiraqucha* et de l'Éclair cimentait donc la relation d'opposition et de complémentarité existant entre les habitants de chacun des deux étages écologiques montagnards.**

LE SOLEIL, LA LUNE ET L'ÉTOILE DU MATIN

Dans l'Enclos Doré, à Cuzco, les statues de *Wiraqucha* et d'*Illapa* étaient disposées de part et d'autre de celle d'un troisième dieu, que l'on appelait *P'unchaw* (« Jour »), c'est-à-dire **le Soleil**, et auquel les Incas vouaient un culte au moins aussi important que celui de *Wiraqucha*.

Ils lui édifièrent en effet des temples dans tout l'empire, qu'ils dotèrent de ressources très importantes. **Ils ne considéraient pas pour autant le Soleil comme une divinité supérieure aux deux premières, mais comme une autre manifestation du principe régissant la moitié inférieure du cosmos**, parallèle en quelque sorte à *Wiraqucha*. La relation qui unissait celui-ci au Soleil est un des aspects de la religion inca que les Espagnols ont eu le plus de mal à comprendre et elle est encore loin d'être élucidée aujourd'hui. Les deux divinités semblent, dans certains cas, presque inter-

Probable représentation du Soleil sur une céramique de la côte

changeables. Ainsi, le dieu qui apparut au prince *Inka Yupanki* – le futur *Pachakuti* – pour l'assurer de son soutien et lui promettre la victoire sur les Chancas, est identifié par certains chroniqueurs comme le Soleil et par d'autres comme *Wiraqucha*. Ce dernier présente d'ailleurs un caractère solaire très marqué. Non seulement l'étymologie de son nom est, comme nous l'avons vu, « lac du lever du jour », mais *Wiraqucha* et *P'unchaw* sont les seules divinités auxquels les informateurs indigènes des Espagnols attribuaient une barbe, image des rayons de l'astre diurne. En l'état actuel de nos connaissances, il est difficile de savoir si le Soleil était conçu comme une sorte de délégué de *Wiraqucha* ou si tous les deux constituaient différentes hypostases d'un même principe cosmique. Peut-être ce flou existait-il pour les Incas eux-mêmes, qui semblent avoir emprunté le culte du Soleil aux peuples de la côte et l'avoir agrégé à leur panthéon, alors qu'une de leurs divinités, *Wiraqucha*, en possédait déjà certains des attributs.

Le Soleil se distingue cependant de *Wiraqucha* par une fonction qu'il possède en propre et qui explique peut-être l'intérêt que lui ont porté les Incas lorsqu'ils ont mis en place leur système de pouvoir. Alors que *Wiraqucha* apparaît comme une divinité éminemment agraire, **le culte du Soleil comportait une dimension fortement politique**. Le souverain Inca se proclamait « fils du Soleil » (*intip churin*) et affirmait que ses capacités et qualités lui étaient transmises par l'astre du jour, tandis que celles de son épouse principale, la *quya*, provenaient de la Lune (*killa*) et celles des caciques, ses subordonnés, de l'étoile du matin (*ch'askaquyllur* « l'étoile ébouriffée »), celle dont l'éclat s'efface lorsque le Soleil paraît. Selon un mythe attaché au sanctuaire de *P'unchaw* que les Incas avaient fait édifier sur l'île de Titicaca, le Soleil serait apparu pour la première fois à cet endroit puis se serait élevé vers le ciel pour y combattre l'étoile du matin dont la lumière était alors assez intense pour éclairer le monde. Vaincue, l'étoile se serait voilée la face, ne brillant désormais plus que faiblement. En identifiant le roi, la reine et les caciques au Soleil, à la Lune et à l'étoile du matin, respectivement, et en réemployant un mythe apparemment ancien sur la victoire remportée par le Soleil naissant sur Vénus, l'Inca inscrivait dans un ordre cosmique sa suprématie sur les caciques des peuples conquis. Or, c'est sur cette prééminence du roi inca sur les seigneurs locaux que reposait, nous l'avons vu, l'État lui-même.

En 1536, *Manqu* emporta l'effigie de *P'unchaw* dans son refuge de Vilcabamba. Lorsque les Espagnols ramenèrent son fils, *Thupa Amaru*, à Cuzco, en 1572, ils rapportèrent aussi la statue d'or du Soleil, que le vice-roi Toledo envoya au roi d'Espagne. On ignore ce qu'il en advint par la suite. Nous en possédons heureusement plusieurs descriptions. *P'unchaw* y était figuré comme un enfant assis arborant au moins deux des signes distinctifs des Incas : un bandeau autour de la tête (*llawt'u*) et de grands ornements d'oreilles. Il portait également un pectoral, signe de pouvoir. Des rayons solaires sortaient de derrière son dos et ses épaules, et il était flanqué de deux serpents et de deux pumas, probables symboles de puissance. Dans une sorte de boîte placée dans son ventre étaient conservées les entrailles réduites en cendres des rois incas, ce qui manifestait apparemment que ceux-ci étaient des incarnations de *P'unchaw* et que leur « âme » revenait à lui après leur mort.

ACTION DIVINE ET RÉPONSE HUMAINE

Ancêtres, *wak'a*, dyade supérieure, Soleil et autres astres, tous exerçaient une même action sur les hommes, la terre, les plantes cultivées et les troupeaux : ils projetaient sur eux une part de leur être et étaient à ce titre qualifiés de *kamaq*, « qui porte son essence sur ». Ainsi, l'ancêtre fondateur dispensait-il son essence non seulement à ses descendants mais également aux plantes que ceux-ci cultivaient et à la terre qu'ils travaillaient. Tel *wak'a* projetait une part de lui-même sur ceux qui occupaient son territoire, et l'Éclair faisait de même sur ses « fils ». Le Soleil, quant à lui, était réputé *kamaq* des Incas. Certains animaux, comme les lamas ou les renards, avaient leur *kamaq* particulier en une constellation portant le nom de leur espèce et qui en régissait le comportement.

En projetant une parcelle d'eux-mêmes sur un être vivant, ces entités leurs communiquaient une force vitale qui leur donnait vigueur, santé et fécondité. On attendait de toutes les puissances auxquelles on rendait un culte qu'elles remplissent leur rôle de *kamaq* à l'égard des humains ainsi que des végétaux et des animaux avec lesquels les hommes interagissaient. Le dieu agricole côtier *Pachakamaq* était « celui qui anime le sol », parce qu'il avait pour rôle de le rendre fécond mais pouvait aussi l'agiter par des tremblements de terre. La terre, considérée comme une divinité, était qualifiée de *kamaq allpa*, « terre qui anime », car elle communiquait sa force aux végétaux qui y étaient plantés ou semés. Les bergers de la *puna* faisaient des offrandes à la constellation du Lama, afin qu'elle aide à la procréation de leurs troupeaux, tandis que les habitants des piémonts orientaux sacrifiaient au félin céleste *Chuqichinchay*, qui déterminait le comportement des pumas, des jaguars et des ours, afin que ceux-ci ne les attaquent pas. Tous les êtres humains ne recevaient pas la même dose de cette puissance vitale. Certains, que l'on disait *ancha kamasqa* « très animés », en étaient pourvus en grande quantité, ce qui leur conférait des pouvoirs extraordinaires, comme celui, pour les **chamanes** – appelés génériquement *kamasqa* « animés » –, de se changer en oiseaux pour se rendre en des lieux éloignés.

Le *kamaq* communiquait également à son récepteur une qualité spécifique, un principe d'individuation. La mise en rapport des données historiques et philologiques, assez fragmentaires, et des observations ethnographiques actuelles, permet d'approcher la conception que les anciens Péruviens se faisaient de la personne humaine. **Chaque individu était constitué de plusieurs essences émanant de diverses sources dont les combinaisons, toutes différentes, produisaient des individus uniques.** Différentes entités, notamment des animaux, semblent en effet intervenir dans le processus de formation de la personne, avant ou après sa naissance, et se greffer sur le faisceau animique hérité des ancêtres et commun à tous les membres de l'*ayllu*. Cette conjonction d'émanations diverses résidait dans le *sunqu*, terme dont le sens de base est « intérieur » et qui désignait par métonymie cette « âme » aux composantes multiples. Les *wak'a* possédaient aussi un *sunqu*, de même que, probablement, les plantes et les animaux. « L'intérieur » d'un être humain possédait un contour invisible identique à celui du corps où il était logé. Il pouvait s'absenter de celui-ci mais ne pouvait demeurer longtemps sans son enveloppe protectrice. Il donnait vigueur et capacité de croissance à l'individu et était aussi la source de ses « états d'âme ».

Les dieux andins n'étaient donc autres que les éléments qui structuraient l'environnement – montagnes, lacs, astres, phénomènes atmosphériques –, **issus de la métamorphose d'êtres humains ayant vécu dans les temps primordiaux.** Figés dans le ciel et le paysage, les hommes des temps anciens, devenus astres, *wak'a* ou ancêtres fondateurs, exportaient leur essence vers les êtres du présent, garantissant ainsi la pérennité de l'organisation du monde. Ces puissances étant, d'une façon ou d'une autre, apparentées aux humains vivants, la relation que les anciens Péruviens entretenaient avec leurs dieux était donc on ne peut plus intime. Ces liens généalogiques et ontologiques étaient rendus encore plus étroits par des unions matrimoniales entre humains et êtres surnaturels. Une façon pour un lignage de se garantir les faveurs d'un *wak'a* était ainsi de lui offrir une jeune fille comme épouse. Celle-ci consacrait son existence à lui préparer aliments et boisson et ne pouvait, bien sûr, prendre un époux humain. Le *wak'a* devenait de cette façon « gendre » et « beau-frère » (*qatay*) des hommes du lignage de sa femme et devait, en l'échange de cette épouse, prodiguer fertilité et prospérité à sa belle famille.

En créant ou en développant l'institution des *aklla* ou « femmes choisies » (cf. Production spécialisée et services, chap. IV), l'Inca étendit cette logique à une échelle gigantesque : il offrit des milliers ou des dizaines de milliers d'épouses au Soleil, faisant de celui-ci son obligé. Les *aklla* jouaient en même temps pour l'Inca, incarnation de l'astre diurne, un des rôles de l'épouse pour son mari : elles préparaient les aliments et la bière de maïs que les corvéables recevaient de la part du souverain lorsqu'ils avaient travaillé ses terres ou construit ses routes et ses maisons, tout comme le faisait une épouse pour les voisins venus aider son mari à travailler son champ ou changer le toit de sa maison. La relation entre dieux et hommes s'apparentait donc à celle que nouaient deux familles au moyen d'un mariage : tel un gendre apportant sa force de travail à ses beaux-parents, le dieu dispensait à ses partenaires humains sa puissance féconde, en l'échange des services domestiques, culinaires et sexuels de son ou ses épouse(s).

LES SACRIFICES

La consécration d'un être humain à un ancêtre ou une divinité pouvait aller jusqu'au sacrifice. **Les sacrifices humains n'ont cependant jamais atteint l'ampleur que leurs donnèrent les Aztèques,** contemporains méso-américains des Incas. Pour la plupart, ils avaient lieu en deux circonstances exceptionnelles. La première était la mort d'un seigneur ou d'un roi : une partie de ses épouses et de ses serviteurs se sacrifiaient et étaient enterrés avec lui afin de le suivre dans l'au-delà. Environ 1000 personnes auraient ainsi accompagné *Wayna Qhapaq* dans la mort. L'autre occasion de sacrifice était une des cérémonies les plus solennelles de la vie religieuse dans l'empire inca, à laquelle participait un très grand nombre de personnes. C'était un grand acte d'offrandes appelé ***qhapaq hucha,*** que l'on peut traduire par « dette du roi » ou « grand don ». Il avait lieu dans des occasions critiques pour l'Inca : accession au pouvoir, naissance d'un fils (menacé par une forte mortalité infantile), maladie ou préparatifs d'une guerre difficile. Lorsqu'une *qhapaq hucha* était décidée, chaque village, voire chaque lignage, réunissait des offrandes (tissus précieux, spondyles, or, argent, bétail, enfants d'une dizaine d'années, etc.) qui étaient ensuite transportées à Cuzco par les prêtres et les caciques locaux. Toutes les offrandes, y compris les enfants accompagnés de leurs mères, étaient réunies sur la place de *Hawkaypata* et présentées aux grandes divinités et aux momies royales que l'on avait sorties de leurs demeures pour cette occasion. Après l'accomplissement d'une série de rites et de prières, on procédait au sacrifice d'une partie de ces dons : des objets étaient brûlés ou enterrés, tandis que l'on arrachait le cœur d'un grand nombre de lamas et de certains enfants pour les offrir aux divinités. Le produit de ces sacrifices était ensuite distribué aux temples des environs de Cuzco. Sanctifiées par leur séjour dans le centre sacré du monde, les autres offrandes étaient emportées dans les sanctuaires provinciaux pour y être sacrifiées aux *wak'a.* Après avoir été immolés, les enfants devenaient les objets de cultes locaux. Dans tout l'empire, chaque homme adulte recevait – en principe – dans un vase un peu de sang des lamas sacrifiés qu'il devait offrir aux lieux sacrés de son territoire. Tous les chefs de famille de l'empire étaient ainsi censés participer à ce **rite de communion**, et le sang provenant du cœur – Cuzco – irriguait le corps entier du *Tawantinsuyu*. Les représentants des provinces revenaient ensuite dans la capitale pour y festoyer et y recevoir des présents de la part de l'Inca (textiles, objets en plumes, orfèvrerie, femmes et serviteurs). Ils apportaient avec eux les *wak'a* des peuples conquis, qui recevaient des offrandes ou s'en voyaient privées, selon qu'elles – ou les provinces qu'elles représentaient – avaient ou non collaboré correctement avec l'Inca. Après cela, les dignitaires et les *wak'a* retournaient chez eux. La *qhapaq hucha* était en fait l'occasion d'une renégociation ou d'un réajustement des relations entre l'Inca et chaque peuple de l'empire, notamment dans les domaines économique et militaire. Elle servait aussi à confirmer le vasselage des seigneurs locaux envers l'Inca, puisque les enfants immolés appartenaient apparemment souvent à la famille du cacique, lequel était reconduit dans ses fonctions grâce à ce sacrifice. D'autre part, en obtenant de ses sujets de nombreux lamas et enfants pour les sacrifier aux *wak'a*, **l'Inca se posait en grand fournisseur de force vitale pour ces divinités** et pouvait attendre de celles-ci qu'elles lui communiquent la puissance qui lui permettrait d'affronter victorieusement la situation critique qui motivait le « grand don ».

AUTRES PARTENAIRES SURNATURELS

Dans la pensée andine, tous les êtres étaient des personnes dotées d'une intériorité analogue à celle des humains, avec lesquelles il était possible d'entretenir des relations de civilité voire d'échange. Le maïs et la pomme de terre, pour les agriculteurs, ou encore les métaux précieux, pour les mineurs, n'échappaient pas à cette règle. Chaque plante, chaque fruit ou chaque pépite de métal ne faisait cependant pas l'objet de telles relations, encore moins d'un culte. Par contre, l'obtention d'une bonne récolte ou d'une bonne quantité de minerai donnait lieu à des actions de grâce adressées au plus gros épis de maïs ou à la plus grosse pomme de terre d'une récolte, ou à une pépite d'or ou d'argent particulièrement volumineuse. Cet individu « anormal » était appelé *mama*, c'est-à-dire « mère » du maïs, de la pomme de terre ou du métal, car sa taille exceptionnelle montrait que c'était de lui qu'émanait la puissance féconde qui avait permis aux autres de pousser. Les « mères » étaient ainsi érigées en interlocuteurs de statut supérieur à celui du commun des plantes comestibles ou des pépites de métal. On pouvait alors négocier avec elles d'égal à égal la fertilité d'un champ ou d'une mine (le terme désignant une mine était d'ailleurs le même que celui qui signifiait « champ » : *chakra*). Les « mères du maïs » (*saramama*) étaient même considérées comme des épouses secondaires de l'ancêtre fondateur de l'*ayllu*, voire de *Wari* lui-même. Le processus de multiplication agricole était ainsi conçu comme le fruit des épousailles du principe chaud et humide que représentait *Wari* – ou l'ancêtre qui l'incarnait – et d'une certaine essence végétale. Les *saramama* étaient conservées sous les greniers à maïs. La logique de la « mère » déterminait aussi deux cultes importants. Celui, d'une part, de la ***Pachamama***, « Mère du Sol », qui intégrait de façon générique et impersonnelle les esprits des lieux (*wak'a*) et qui était vénérée dans la région de Cuzco et sur le haut plateau. Celui, d'autre part, de *Mamaqucha*, « la mère des lacs », qui désignait l'océan, censé garantir à distance l'abondance en eau des lacs andins dont étaient tirés nombre de canaux d'irrigation.

Un culte était également rendu à des pierres de forme animale ou végétale, les chancas ou ***qunupa***, qui dispensaient, elles aussi, de la force vitale aux êtres vivants qu'elles représentaient morphologiquement : maïs, pomme de terre, lamas, etc. À l'origine, ces pierres avaient été offertes par les *wak'a* à des individus méritants, qui les avaient trouvées sur leur chemin et reconnues à leur forme bizarre. Elles partageaient d'ailleurs le caractère lithique et miniaturisé du donateur. Mais à la différence du culte des *wak'a*, celui des *qunupa* ne relevait pas de la société toute entière mais seulement de chaque foyer, **ces pierres étant un patrimoine exclusivement familial** qui se transmettait du père au fils aîné. C'était d'ailleurs un lieu commun des chroniqueurs que de comparer les *qunupa* aux dieux pénates des Romains. Comme on le faisait pour les pierres matérialisant les *wak'a*, on sculptait parfois les *qunupa*, creusant dans leur dos une cavité destinée à recevoir une offrande de graisse animale. Les soins prodigués aux *qunupa* égalaient pratiquement ceux consacrés aux *wak'a*, les deux catégories étant d'ailleurs si étroitement liées que les *qunupa* étaient parfois exposés avec la pierre qui matérialisait le *wak'a* dont elles étaient un don.

LES SANCTUAIRES

Les Incas édifièrent de nombreux sanctuaires dans tout le *Tawantinsuyu*, notamment des **temples du Soleil** dans les capitales provinciales. Moins étroitement lié à l'idéologie impériale, *Wiraqucha* fut également honoré par quelques temples importants, notamment le *Kiswarkancha*, à Cuzco, ou l'impressionnant sanctuaire de Cacha (aujourd'hui connu sous le nom de *Raqch'i*), dans la province des *K'ana*. Je ne décrirai ici que les trois temples les plus importants de l'empire, ainsi que le type de sanctuaire le plus commun, bien que le plus modeste, celui qui abritait un *wak'a*.

L'Enclos Doré

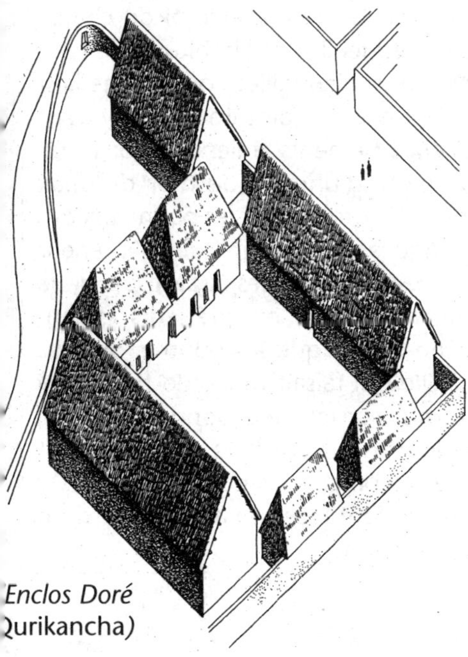

Enclos Doré (*Qurikancha)*

Dans la capitale, à la confluence entre les deux rivières qui délimitaient la zone des palais, sur un promontoire naturel, se trouvait l'Enclos Doré (*Qurikancha*), un complexe de temples consacrés à plusieurs divinités : *Wiraqucha*, l'Éclair, le Soleil, la Lune et les étoiles. Construit sous *Pachakuti* sur l'emplacement d'un temple plus ancien et plus modeste, l'Enclos Doré comprenait six édifices rectangulaires dont cinq étaient disposés autour d'une cours. Le plus grand abritait la statue de *P'unchaw*, l'enfant soleil. **La fonction première de ce sanctuaire était en effet celle de « temple du Soleil »** et les Incas l'appelaient d'ailleurs aussi *inti waši* « maison du Soleil ». On y logeait également les *wak'a* majeurs des provinces que l'on apportait pour des séjours périodiques. Il était le centre absolu de Cuzco et du *Tawantinsuyu* et seuls pouvaient y pénétrer les membres de la haute aristocratie. Avec ses murs aux pierres finement taillées, ses hauts toits de paille à quatre pentes, son aspect n'était guère différent de celui des palais de Cuzco. Ce qui le rendait particulièrement somptueux étaient les **nombreux objets d'or** qui y étaient conservés. **Une fontaine en or** se trouvait au milieu de la cour principale, plusieurs murs extérieurs étaient entièrement recouverts de plaques d'or et une bande de plaques d'or ornait l'enceinte extérieure du complexe. **Un champ de maïs entièrement en or**, de grandeur nature, agrémentait le temple.

Description de l'Enclos Doré par Pedro Cieza de León (1553)
Ce temple avait plus de quatre cents pas de circonférence et était tout entouré d'une puissante muraille. Toute la construction était d'un appareil excellent, fait de pierres finement taillées et très bien posées et ajustées. Certaines pierres étaient très grandes et superbes. Elles n'avaient aucun mélange de terre ni de chaux, mais seulement le bitume avec lequel ils ont l'habitude de couvrir leurs édifices. Ces pierres sont si bien taillées qu'elles ne laissent apparaître aucun ciment ni aucune jointure. [...] Il y avait beaucoup de portes dont les encadrements étaient très bien travaillés. Cette muraille était ceinte d'une bande d'or de deux palmes de large et quatre doigts de grosseur et les panneaux des portes étaient recouverts de plaques du même métal. À l'intérieur se trouvaient quatre maisons pas très grandes, travaillées de la même manière, dont les murs intérieurs et extérieurs étaient recouverts de plaques d'or, de même que les poutres du toit. Celui-ci était recouvert de paille qui faisait office de tuiles. Il y avait deux sièges contre ce mur sur lesquels donnait le Soleil lorsqu'il se levait. La pierre dont ils étaient faits était finement perforée et beaucoup de pierres précieuses et d'émeraudes y étaient enchâssées. Ces sièges étaient réservés aux rois et si un autre s'y asseyait, il était puni de mort.

« Celui qui anime le sol »

Deux sanctuaires suivaient en importance l'Enclos Doré : Pachacamac et Titicaca. Le sanctuaire du dieu *Pachakamaq* (« celui qui anime le sol ») était **un important lieu de pèlerinage situé sur**

la côte centrale du Pérou, dans une ville dont le nom indigène était *Ichma* mais que les Incas appelaient simplement du nom de la divinité qui y était adorée. Située au bord de l'océan Pacifique, la cité de Pachacamac existait depuis le début du premier millénaire ap. J.-C. et était, au moment de l'arrivée des Espagnols, une des plus grandes du *Tawantinsuyu*. **Les Incas ont utilisé Pachacamac comme centre administratif**, construisant à cet effet une grande place pourvue d'un *ušnu* (cf. Le temps de la vie paysanne, chap. V) ainsi qu'une « maison des femmes choisies ». Le tribut payé par les habitants de toute la côte y était centralisé. Les Incas ont accru son prestige religieux en embellissant le sanctuaire du dieu éponyme, érigé sur une éminence naturelle surplombant la zone des temples et des palais, auquel ils joignirent un temple du Soleil. Comme l'Enclos Doré, le temple de *Pachakamaq* abondait en vaisselle d'or et d'argent, et ses toits et ses murs étaient ornés de plaques d'or. C'est aussi de l'époque inca que date tout un système de passages et de couloirs destinés à canaliser le flux des pèlerins venus depuis des régions parfois très éloignées consulter le dieu dont l'image de bois était conservée dans une crypte au sommet du temple. Car ***Pachakamaq*, responsable de la croissance du maïs, était aussi réputé pour ses pouvoirs guérisseurs**. On a d'ailleurs découvert, près du sanctuaire, de nombreuses tombes de personnes décédées de graves affections, comme le cancer, la tuberculose ou la syphilis. Les médecins de *Wayna Qhapaq* consultèrent *Pachakamaq* au sujet du mal inconnu qui affectait le souverain et dont nous savons aujourd'hui qu'il s'agissait de la variole, apportée par les Européens. Le dieu leur conseilla d'exposer l'Inca au soleil, ce qui précipita son décès…

Le Rocher de Plomb

Le nom actuel du lac Titicaca provient de celui d'un rocher situé sur une de ses îles, « le Rocher de Plomb » (*Titiqaqa*). Selon un mythe inca que partageaient apparemment les peuples du sud de l'empire, **c'est de ce rocher qu'était né le Soleil**. Comme celui de Pachacamac, le sanctuaire de *Titiqaqa* était extrêment ancien : il semble remonter aux derniers siècles avant notre ère et avoir été aménagé en grand sanctuaire régional vers le VIIe siècle, par l'empire de Tiahuanaco. Les Incas en ont fait le cœur d'**une immense zone sacrée** qui comprenait non seulement l'île de Titicaca elle-même

– aujourd'hui connue sous le nom d'« île du Soleil » – mais aussi celle, voisine, « de la Lune », ainsi que la presqu'île de Copacabana, située en face, sur la rive continentale du lac, où se trouvait le centre administratif régional du même nom. Les Incas ont peuplé la zone de *mitma* et ont aménagé une esplanade devant le rocher. La partie du *Titiqaqa* qui faisait face à la place fut couverte de plaques d'or, tandis qu'un mur finement ouvragé abritait sa partie postérieure. On a retrouvé à ses pieds des tombes d'enfants sacrifiés. Le Rocher de Plomb disposait de plus de **600 serviteurs** et d'**un millier de femmes choisies** se consacrant à fabriquer la bière de maïs (cf. Production spécialisée et services, chap. IV) qu'on lui offrait en la versant dans le bassin à libations situé sur l'esplanade. On rapporte que parmi ces femmes choisies se trouvaient deux filles de *Wayna Qhapaq*. En arrivant dans le complexe sacré, les pèlerins étaient logés dans une hôtellerie aux frais de l'Inca, y recevaient nourriture et boisson et même, pour les plus pauvres, des vêtements. Après avoir cheminé jusqu'à l'extrémité de la presqu'île de Copacabana, ils traversaient en bâteau le détroit qui la séparait de l'île puis marchaient encore jusqu'à l'autre bout de celle-ci, où se trouvait le sanctuaire. Ils devaient franchir trois portes avant de parvenir au Rocher de Plomb et se purifier à chacune de ces étapes. Il semble que seuls les nobles pouvaient franchir la dernière porte et s'approcher du lieu sacré. Les gens du commun s'arrêtaient devant la troisième porte où ils déposaient leurs offrandes et d'où ils pouvaient contempler, de loin, le *Titiqaqa*.

Sanctuaires d'altitude

Les pierres transportables qui matérialisaient les *wak'a* étaient souvent conservées dans **de modestes sanctuaires proches des sommets** qu'habitaient ces divinités. Un des plus célèbres du *Tawantinsuyu* était celui de *Paryaqaqa*, un massif neigeux culminant à 5571 m, dans la province de Huarochirí. À en croire la chronique rédigée en quechua par l'indigène Tomás vers 1608, les Incas avaient doté *Paryaqaqa* de grandes richesses : trente prêtres, des objets cultuels en or et en argent, des vêtements précieux, des terres avec des serviteurs pour y travailler et du bétail avec des bergers. Une longue volée de marches permettait aux pèlerins d'accéder au lieu de culte depuis la route inca qui venait de Pachacamac et conduisait à *Hatun Šawša*. En haut des marches, à 4575 m d'altitude, se trouvait une ouverture par laquelle, au début du XVIIe siècle encore, on nourrissait le *wak'a* en y versant bière de maïs et sang de cochon d'Inde. *Paryaqaqa* ne fut que l'un des grands *wak'a* provinciaux honorés par le pouvoir cuzquénien. Les Incas construisirent, par exemple, de petits sanctuaires d'altitude dans l'extrême sud de l'empire, sur les territoires actuels de l'Argentine et du Chili. Parmi eux, Llullaillaco, dans l'actuelle province de Salta, est, à 6 739 m d'altitude, **le plus haut site archéologique du monde**. On y a découvert les restes de deux *qhapaq hucha*, une jeune fille et un jeune garçon, finement vêtus et entourés de figurines masculines et féminines d'or et d'argent, ainsi que de vaisselle miniature. En aménageant ces sanctuaires dans toutes les provinces de leur empire, **les Incas s'affirmaient comme les interlocuteurs privilégiés des *wak'a* locaux.**

LES FÊTES RELIGIEUSES

Les Incas, dont les activités se limitaient pratiquement à la guerre et à l'administration de leur empire, passaient beaucoup de jours de l'année en cérémonies et réjouissances. Presque chaque mois comportait une fête. Les trois principales étaient *Inti Raymi* « Période du Soleil », *Sitwa* (terme d'étymologie obscure) et *Qhapaq Raymi* « Période Principale ». La première commençait mi-mai et durait environ un mois, jusqu'au solstice d'hiver. Elle intervenait après les dernières récoltes et marquait la fin de l'année agricole, avant les semailles suivantes. On sacrifiait presque chaque jour un grand nombre de lamas, d'alpagas et de guanacos aux différentes divinités logées dans l'Enclos Doré, à Cuzco, notamment au Soleil, à l'Éclair et à *Wiraqucha* « pour qu'ils ne vieillissent pas » en cette fin du cycle végétal. Les momies des anciens souverains et les statues des grandes divinités étaient sorties de leurs demeures et disposées sur la place de *Kušipata* pour y boire avec les vivants et y être honorés par des danses et des chants. La *Sitwa* durait également près d'un mois, de mi-août à mi-septembre. Elle avait lieu juste avant le début de la saison des pluies, propice à la propagation de maladies infectieuses. Pour l'occasion, de toutes les provinces de l'empire étaient apportés des *wak'a* que l'on implorait de ne pas envoyer de maladies aux hommes. Les infirmes devaient quitter temporairement la ville afin que leur « malheur » ne perturbe pas, en ce début du cycle agricole, l'avènement d'un bonheur sans tache dans le centre du monde. Des escadrons de guerriers parcouraient les rues de la capitale en poussant des cris destinés à effrayer les entités pathogènes et à les expulser devant eux jusqu'à ce qu'ils rencontrent une rivière dans laquelle ils se lavaient le corps et nettoyaient soigneusement leurs armes. Les fleuves étaient chargés d'emporter les maladies vers la mer. Une fois terminés ces rites de purification, les Incas festoyaient, chantaient et dansaient plusieurs jours durant. Les étrangers et les infirmes cantonnés à l'extérieur de la cité étaient finalement appelés à revenir et se joignaient à ces réjouissances. Cette même fête était célébrée dans les capitales provinciales. La « Période Principale » commençait vers la mi-novembre et durait également un mois, coïncidant avec le solstice d'été. Comme s'ils incarnaient les risques d'intempérie en cette période d'apogée solaire, les étrangers au groupe inca étaient cérémoniellement expulsés du centre du monde qu'était Cuzco et campaient pour un mois aux abords de la ville. C'est pendant cette période que les adolescents effectuaient leur rite de passage à l'âge adulte, le *warachikuy* (cf. Le cycle vital, chap. IX), à Cuzco et dans les capitales provinciales où résidaient des Incas. De nombreux lamas étaient sacrifiés et brûlés devant les statues des dieux disposées sur la place principale. Une fois encore, ces cérémonies se prolongeaient dans des réjouissances où la boisson, la danse et le chant jouaient un rôle central. Elles s'achevaient par un rite de réintégration des étrangers.

VII

LANGUES ET ÉCRITURE

L'Amérique du Sud est le continent le plus mal connu d'un point de vue linguistique. La diversité des langues et des familles de langues y est extrême puisque cette partie du monde compte aujourd'hui une soixantaine de familles linguistiques autochtones. On estime que celles-ci étaient environ deux fois plus nombreuses avant la conquête européenne. Le territoire de l'ancien empire inca est la partie du sous-continent où le plus grand nombre de langues se sont éteintes depuis le XVIe siècle, déplacées tantôt par l'espagnol, tantôt par les deux grandes langues de communication de la vice-royauté du Pérou, le quechua et l'aymara. Pour la plupart, ces langues disparues ne sont documentées par aucun texte, aucun lexique ni aucune description grammaticale. Les études toponymiques et quelques mentions dans les sources espagnoles ont cependant permis d'identifier l'existence et l'aire de diffusion de quelques unes d'entre elles. Malgré ce morcellement linguistique, ou à cause de lui, trois ou quatre langues véhiculaires assuraient la communication supralocale au sein de l'empire inca.

DIVERSITÉ ET UNITÉ LINGUISTIQUES

Les premiers observateurs espagnols ont été frappés par cette extrême diversité linguistique. En 1553, Pedro Cieza de León écrit que les langues locales « sont si nombreuses que, si je les énumérais, on ne le croirait pas. » En 1577, le jésuite José de Acosta compare, presque scandalisé, la situation du Pérou à celle du monde aux lendemains de Babel: « On dit qu'en d'autres temps soixante douze langues ont introduit la confusion dans le genre humain ; mais ces

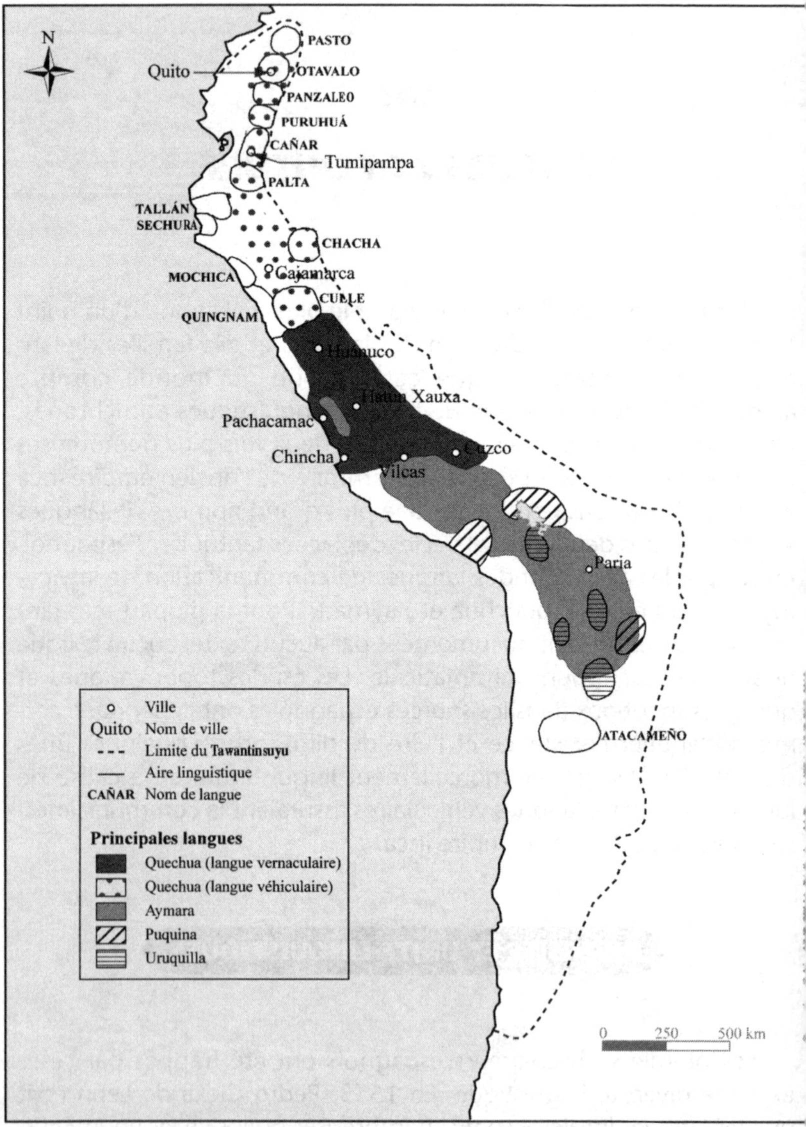

Principales langues parlées dans les hautes terres et sur la côte de l'empire inca

barbares en ont plus de sept cent, au point qu'il n'y a pas une vallée un peu grande qui n'ait la sienne propre. » Cette fragmentation s'explique d'abord par l'état de dispersion et d'isolement dans lequel ont longtemps vécu les groupes humains qui ont peuplé les Andes, même après leur sédentarisation et les débuts de l'agriculture. **Contrairement à la plupart des autres régions du monde, les Andes ont en effet connu plusieurs foyers de domestication des plantes et des animaux**, ce qui se manifeste dans la diversité, d'une langue andine à l'autre et même d'un dialecte quechua à un autre, des termes désignant la pomme de terre, le maïs, le piment, le haricot, le coton, le lama ou le cochon d'Inde. Pendant les premiers millénaires de leur existence, les sociétés andines nomades puis néolithiques sont restées presque isolées les unes des autres pendant un laps de temps supérieur aux quelques 6000 ou 8000 ans qu'on admet généralement suffisants pour que deux langues issues d'une même source divergent au point que leur parenté devienne indétectable. Ainsi, même si les premiers occupants des Andes parlaient un petit nombre de langues, les conditions géographiques locales ont favorisé la diversification de celles-ci en un grand nombre de familles résistant aujourd'hui aux efforts de regroupement des linguistes.

Le développement de la civilisation, à partir du IIIe millénaire av. J.-C., n'a jamais durablement freiné ou renversé cette tendance à la diversité linguistique : l'urbanisation est toujours restée fragile, dépendante d'États éphémères, et la fragmentation politique prédomine pendant la plus grande partie de l'histoire préhispanique du Pérou. Même si certaines langues ont longtemps assuré la communication interethnique, elles n'ont que rarement supplanté les langues locales et, lorsqu'elles l'ont fait – comme ce fut le cas il y a peut-être 2000 ou 2500 ans pour le quechua –, elles se sont ensuite ramifiées en des dialectes et des langues multiples. Ainsi, de nos jours comme déjà à l'époque inca, **la diversité interne de la famille quechua, comme de la famille aymara, est comparable à celle des langues romanes ou slaves**.

L'extrême morcellement linguistique du *Tawantinsuyu* procède aussi du fait qu'**à l'instar des « nations » qui les parlent, les langues ne sont pas territorialisées** : la tendance de certaines de ces sociétés à se constituer des enclaves économiques en des lieux éloignés de leur noyau territorial (cf. Tendances à l'autarcie, chap. IV), ainsi que les déplacements de populations opérés par les Incas (cf. Accroissement de la production, chap. IV), ont entraîné la cohabitation, sur des périmètres réduits, de groupes à tendance autarcique qui conservaient leur langue propre. Ce « babélisme » était cependant compensé par l'existence de ce que les Espagnols ont reconnu comme « les trois langues générales du Pérou », qui assuraient la communication interethnique dans l'empire inca: le mochica, le quechua et l'aymara.

Les « langues générales » du Pérou selon Baltasar Ramírez (1597)
Les langues des Indiens du Pérou sont très différentes les unes des autres et sont très nombreuses car presque chaque province et chaque vallée a la sienne particulière. Mais il y en a trois très générales qui sont la yunga [= le mochica], la quichua et l'aymara. La langue yunga est parlée surtout sur la côte, depuis Lima jusqu'à Guayaquil, bien que dans les vallées [côtières] il y ait aussi des langues particulières. La langue quichua est pratiquée dans toute la montagne depuis Quito jusqu'à Cuzco, quoiqu'avec quelques différences de vocables selon les provinces, mais elle se laisse bien comprendre par qui connaît moyennement celle d'une province. La langue aymara est la plus générale de toutes et s'étend depuis Huamanga, au début de l'évêché de Cuzco, presque jusqu'au Chili et à Tucumán [en Argentine].

LE QUECHUA

Contrairement à ce que l'on pensait avant que les méthodes de la linguistique ne commencent à être appliquées à l'étude des langues andines, dans les années 1960, **les Incas ne sont pas responsables de la première expansion du quechua dans les Andes**. La diversité linguistique de la famille quechua est en effet trop grande pour que l'on puisse l'expliquer par seulement cinq siècles d'histoire. Bien qu'il reste beaucoup à faire en matière de description des dialectes, de grammaire comparée et de linguistique historique du quechua, **on s'accorde aujourd'hui à situer le berceau primitif de la langue dans une zone très éloignée de Cuzco, dans le centre ou le centre-nord du Pérou actuel**. Une première vague d'expansion du quechua pourrait remonter au premier millénaire av. J.-C., tout particulièrement à l'époque dite de « l'horizon ancien » (cf. Un héritage plurimillénaire, chap. I). Le proto-quechua se serait alors propagé dans le vaste espace qui s'étend de Cajamarca à Ayacucho et correspond au rayonnement de la culture de Chavín. Le quechua n'est sans doute parvenu dans la région de Cuzco et en Équateur qu'à une époque beaucoup plus tardive, sur laquelle aucune hypothèse solide n'a encore été proposée. On observe cependant que le quechua de Cuzco présente des innovations assez radicales par rapport aux autres dialectes, qui s'expliquent en partie par une forte influence de la langue aymara. **C'est seulement à l'époque coloniale que le quechua cuzquénien s'est propagé dans une grande partie de la Bolivie et du nord-ouest de l'Argentine.**

À la fin du XVIe siècle, on se souvenait encore de l'origine non cuzquénienne du quechua, comme en témoigne le chroniqueur Martín de Murúa : « On attribue à l'Inca *Huayna Capac* [*Wayna Qhapaq*] d'avoir ordonné que l'on parle dans tout le pays la langue de Chinchaysuyo, que l'on appelle aujourd'hui communément 'quechua général' ou 'du Cuzco' ». La langue qui servait à l'administration du *Tawantinsuyu* n'était d'ailleurs pas le quechua cuzquénien, c'est-à-dire le quechua que les habitants de la région de Cuzco avaient transformé sous l'influence des langues qu'ils parlaient auparavant, notamment de l'aymara. **L'élite inca**, comme ses homologues des provinces conquises, **s'efforçait en effet de reproduire le quechua parlé dans les prestigieuses cités de la côte centrale**, notamment celle de Pachacamac. Contrairement aux variétés montagnardes, le quechua de la côte prononçait de façon sonore les consonnes occlusives précédées d'une consonne nasale (m, n). C'est de cette forme de quechua, pratiquée par les élites du *Tawantinsuyu*, que proviennent la plupart des termes empruntés à cette langue par le français, à travers l'espagnol, comme par exemple « Andes » (< *andi*) ou « condor » (< *kundur*), et non des formes montagnardes, plus conservatrices, où ces termes sont prononcés respectivement [*anti*] et [*kuntur*].

Il est très improbable qu'ait existé une dénomination précolombienne pour l'ensemble de la famille linguistique tant celle-ci apparaît comme une abstraction face à la diversité des variétés locales. Dans la plupart des dialectes quechuas actuels, la langue est désignée par le terme *runasimi* – ou une forme apparentée – qui signifie à l'origine « langue des Indiens » et constitue une dénomination d'origine clairement coloniale. La dénomination « quechua », attestée pour la première fois dans un texte de 1560, provient du terme *qhichwa* qui désigne la zone montagnarde tempérée, celle où l'on peut cultiver le maïs. À l'époque de la conquête espagnole, dans le sud du Pérou, cet étage écologique était le domaine par excellence de la langue quechua, alors que les habitants des *puna* parlaient un peu partout l'aymara. Certains auteurs pensent que ce sont les Espagnols qui ont désigné les premiers la langue du nom de la zone où elle était pratiquée de façon caractéristique. Mais on ne saurait écarter l'hypothèse selon laquelle cette dénomination existait déjà avant la conquête, du moins dans le sud du Pérou. En effet, dans toutes les régions situées au sud de Cuzco, c'est le terme *qhichwa* (ou ses variantes actuelles *qhiswa* et *qhišwa*) plutôt que *runasimi* qui désigne aujourd'hui le quechua dans la langue elle-même. Si le transfert de la désignation de l'étage écologique à celle de la langue avait été fait par les Espagnols, on peut penser que le terme employé en quechua garderait la trace de son passage par l'espagnol, c'est-à-dire aurait changé son articulation uvulaire (inexistante en espagnol) pour une articulation vélaire et serait **kichwa* ou **kiswa*. Il est donc possible que les Incas appelaient déjà *qhichwa* la langue qu'ils avaient empruntée aux cultivateurs de maïs qui étaient leurs voisins de l'ouest.

L'AYMARA

À l'époque inca, le domaine géographique de l'aymara était beaucoup plus vaste qu'il ne l'est aujourd'hui. Cuzco représentait l'avancée la plus méridionale du domaine géographique du quechua mais était largement entouré de provinces de langue aymara, non seulement vers le sud mais aussi dans les zones de *puna* situées au nord-ouest de la capitale, jusqu'aux abords de Lima. L'une de ces provinces, celle que les Espagnols appelaient « des Aymaraes », dans l'actuel département d'Apurímac, au Pérou, a donné son nom à la langue, peut-être parce que les Incas considéraient les habitants de cette province, qui étaient leurs proches voisins, comme les locuteurs par excellence de cette langue. Tout suggère que les Incas pratiquaient aussi l'aymara depuis une époque très ancienne. Les maigres témoignages dont nous disposons sur les formes d'aymara qui étaient parlées dans les régions où cette langue a aujourd'hui disparu suggèrent un degré de diversification dialectale comparable à celui du quechua, plus important entre Lima et Cuzco qu'entre Cuzco et les hauts plateaux méridionaux. Selon les hypothèses actuelles, **le premier foyer d'expansion de l'aymara** se situerait dans la partie haute et orientale des départements péruviens d'Ayacucho et Huancavelica. Sa propagation dans le centre sud et le sud du Pérou actuel remonterait à l'empire huari, tandis que sa diffusion dans le bassin du lac Titicaca et sur le haut plateau méridional – aujourd'hui sa principale assise géographique – serait postérieure à l'effondrement des empires de l'Horizon Moyen (cf. Un héritage plurimillénaire, chap. I). En l'état actuel de nos connaissances, l'hypothèse traditionnelle selon laquelle l'aymara aurait été la langue de Tiahuanaco ne peut plus être soutenue. Les langues aymaras sont structurellement très similaires aux langues quechuas, tant d'un point de vue phonologique que grammatical, et une partie de leur lexique est identique ou proche. La plus grande partie du lexique de ces deux langues, ainsi que de leurs formes grammaticales, est cependant irréductible à une origine commune. On en déduit que **les similitudes structurelles entre le quechua et l'aymara s'expliquent par un contact intense et prolongé dans un même espace géographique**.

LES LANGUES DU NORD DE L'EMPIRE

À l'extrême nord de l'empire, dans les hautes terres de l'actuel Équateur, six langues au moins étaient parlées. Il s'agit, du nord au sud, du pasto (famille barbacoa), de l'otavalo (famille barbacoa), du panzaleo (non classée), du puruhuá (non classée), du cañar (non classée) et du palta (famille jivaro). Toutes ont disparu à l'époque coloniale au profit du quechua, ne laissant de traces que dans la toponymie et dans certains termes adoptés par la langue venue du Pérou. Le peu que l'on connaît de ces langues montre qu'elles partagent quelques traits avec celles parlées plus au nord, dans l'actuelle Colombie, et non avec les langues des Andes centrales, comme le mochica, le quechua ou l'aymara.

Sur la côte nord du Pérou, dans la région de Piura, étaient parlés le sechura et le tallán, pour lesquels on dispose de courtes listes de mots. **Le mochica est la seule langue de la côte à avoir été documentée de façon substantielle**, par une grammaire écrite au XVIIe siècle et plusieurs textes de catéchèse publiés à l'époque coloniale. Parlé sur la côte depuis la vallée de Motupe jusqu'à celle de Chicama, mais servant de « langue générale » sur une aire beaucoup plus vaste, le mochica s'est éteint au milieu du XXe siècle. Il partage un nombre très réduit de mots avec le quechua et l'aymara – fruits d'emprunts mutuels – et en diffère profondément d'un point de vue structurel. De la vallée de Chicama jusqu'à celle de Santa, au cœur de ce qui avait été l'empire chimú, on parlait le quingnam, dont on ne connaît que quelques mots.

Le quechua ne s'est pas répandu très largement dans les montagnes du nord du Pérou, même s'il a solidement pris racine en quelques endroits. À l'époque inca, une des langues les plus importantes de cette région était le culle, parlé dans la province de Huamachuco et qui ne nous est connu que par une liste de mots et de la toponymie. Sur les versants orientaux des Andes, à l'est du fleuve Marañón, le chacha était pratiqué sur un territoire non moins étendu, dans la province des *Chachapuya*. Il nous est encore moins bien connu que le culle. Le cholón était parlé sur une vaste zone qui allait du bassin du Marañón à celui de l'Ucayali, où se trouvent aujourd'hui les ruines des cités de Gran Pajatén et El Abiseo. Les peuples qui parlaient cette langue semblent avoir contrôlé les échanges entre les hautes terres du centre-nord du Pérou et l'Amazonie. Le cholón nous est connu par une grammaire de l'époque coloniale.

LES LANGUES DU SUD DE L'EMPIRE

Les régions montagnardes situées entre les fleuves Santa et Apurímac étaient donc le domaine presque exclusif du quechua et de l'aymara. Plus au sud, ces deux langues ou ces deux familles linguistiques en côtoyaient beaucoup d'autres. **Bien que pratiquant le quechua et l'aymara, les Incas conservaient une langue propre** qui n'a pas survécu aux premiers temps de la colonisation mais a laissé quelques traces dans le lexique du quechua cuzquénien. Le conquérant Pedro Pizarro la qualifie de « la plus obscure de toutes [les langues du Pérou] », exprimant probablement qu'elle n'était pas apparentée aux deux grandes langues de la partie montagnarde de l'empire et était inconnue des peuples autres que les Incas.

Un peu plus au sud, la puissante nation des *Qulla* – longtemps rivale des Incas – avait pour langue propre le **puquina** qui ne nous est connu qu'à travers quelques textes de catéchèse et par des listes de mots qui nous permettent de constater qu'il ne s'agit pas d'une langue apparentée au quechua ou à l'aymara. Au XVIe siècle, le puquina était parlé dans le nord et l'est du bassin du lac Titicaca, dans plusieurs régions de la Bolivie actuelle, ainsi que sur le versant Pacifique des Andes, dans une zone s'étendant approximativement d'Arequipa à Tacna. Sa présence sur un vaste territoire lui valut un temps d'être considéré par les autorités coloniales espagnoles comme la quatrième « langue générale » du Pérou. **On a émis l'hypothèse qu'il fut la langue de Tiahuanaco** (cf. Un héritage plurimillénaire, chap. I).

La langue **uruquilla** était parlée dans la partie méridionale du haut plateau, au sud du lac Titicaca. À l'époque de la conquête espagnole, ses locuteurs étaient éparpillés sur la partie occidentale du haut plateau bolivien, depuis le lac Titicaca jusqu'à la province de Lípez. Souvent, mais pas toujours, ses locuteurs se distinguaient par leur mode de vie des populations d'agriculteurs et de pasteurs de langue aymara qui les entouraient : ils vivaient sur les lacs, de la pêche, de la chasse et de la fabrication d'objets en jonc. À l'époque inca, les territoires occupés par le puquina et l'uruquilla apparaissent comme des îlots résiduels face à l'expansion de la langue aymara dans les régions méridionales de l'empire.

La diversité linguistique augmentait dans l'extrême sud du *Tawantinsuyu*. L'**atacameño** (ou Cunza) était parlé dans la région du désert d'Atacama ainsi que, plus au nord, le long des rivières Loa et Salado et dans la partie adjacente de l'Argentine. Il s'est éteint à la fin du XIXe siècle. Dans le nord-ouest de l'Argentine, le **diaguite** ou Cacán était la langue la plus répandue. Il était parlé dans une partie des provinces actuelles de Catamarca, La Rioja, Salta, Santiago del Estero et Tucumán et s'étendait jusqu'au nord du Chili, occupant le domaine intermédiaire entre l'atacameño et le mapuche. Dans les provinces de Tucumán et Santiago del Estero, le diaguite cotoyait le **tonocoté**. D'autres langues étaient également parlées dans ces régions, la célèbre vallée d'Humahuaca, par exemple, ayant eu apparemment sa propre langue.

LES QUIPOUS

Dans les Andes, le textile est le moyen d'expression par excellence et c'est lui qui fournit son support au système d'écriture élaboré par les anciens Péruviens. **La civilisation andine est la seule**

parmi les autres civilisations anciennes à avoir développé un système d'écriture tridimensionnel, c'est-à-dire basé non sur des signes tracés ou gravés sur une surface plane, mais sur des cordes portant des noeuds, les quipous (*khipu*). Une étude récente semble en effet montrer que les quipous n'étaient pas des auxiliaires de la mémoire, des moyens mnémotechniques, mais étaient constitués de signes dotés de valeurs conventionnelles. Nous savons par les sources historiques qu'ils permettaient à la fois de comptabiliser des biens et des services et de noter des textes versifiés et narratifs. Environ 600 exemplaires de quipous sont actuellement conservés dans le monde, dont les deux tiers semblent avoir servi à enregistrer des informations numériques. On est parvenu à déchiffrer les signes indiquant des quantités mais non ceux qui identifient les unités comptées. Ainsi, on peut lire sur un quipou la valeur numérique 234 mais on ne peut répondre à la question : « 234 quoi ? ».

Un quipou est composé d'une corde primaire de 0,50 à 1 cm

Un comptable avec son quipou et son abaque selon Felipe Huaman Poma (1615)

de diamètre sur laquelle sont fixées des cordelettes secondaires de différentes couleurs qui portent des noeuds. Des cordelettes terciaires sont souvent accrochées aux cordelettes secondaires et successivement. Beaucoup de quipous contiennent ainsi des centaines de cordelettes. Un des plus grands que l'on connaisse à ce jour en compte plus de 1500. La plupart des opérations qu'impliquait l'élaboration d'un quipou étaient binaires, c'est-à-dire consistaient en des choix entre deux possibilités : tordre le fil à droite ou à gauche, vers le haut ou vers le bas, par derrrière ou par devant un autre fil, choisir un fil de coton ou de laine, teint ou non. Chaque concept semble avoir été construit par une combinaison spécifique de ces choix, à la façon dont un système informatique codifie par exemple chaque lettre de l'alphabet. **On a calculé que les quipous pouvaient ainsi codifier 1536 signes**, ce qui leur aurait permis de fonctionner comme une écriture logographique comparable aux écritures hiéroglyphiques égyptienne ou maya. Un des traits originaux de ce système est que la lecture d'un quipou n'était pas seulement visuelle mais aussi tactile.

Les quipous selon le jésuite José de Acosta (1589)
Les quipous sont des mémoriaux ou registres faits de rameaux sur lesquels il y a des nœuds et des couleurs différentes qui signifient diverses choses. Ce qu'ils sont parvenus à exprimer dans ce domaine est incroyable ; car, tout ce que les livres peuvent relater quant à l'histoire, aux lois et aux cérémonies et aux calculs, les quipous y suppléent si exactement, que cela confond l'entendement. Il y avait des préposés pour tenir ces quipous ou registres, que l'on appelle aujourd'hui 'quipu camayo', et qui étaient chargés de tenir le compte de chaque chose, comme ici les écrivains publics ; aussi devait-on leur accorder plein crédit. Il existait divers quipous ou rameaux pour différents sujets, comme la guerre, le gouvernement, les tributs, les cérémonies, les terres. Et chaque faisceau comportait autant de noeuds, petits et grands et de petits fils attachés ; les uns étaient rouges, les autres verts, les autres bleus, les autres blancs ; et finalement, il y avait autant de différences que nous en tirons des vingt-quatre lettres, les arrangeant pour en tirer une infinité de mot.

La comptabilité des prestations de travail et des biens produits ou dus semble avoir été la fonction première de ce système d'écriture. Mais les quipous permettaient aussi de cartographier l'espace dans lequel s'inscrivaient ces données économiques. Nous savons par exemple que du temple de *Qurikancha*, à Cuzco (cf. Les sanctuaires, chap. VI), partaient 42 lignes imaginaires, ou *siq'i* (que les Espagnols ont transcris comme 'ceque'), qui n'étaient pas droites mais reliaient sans se croiser 333 ou plus de 400 – selon les auteurs – lieux de culte (rochers, grottes, collines, cols, sources, sanctuaires) autour de la capitale. Les lignages incas étaient chargés de leur entretien. Ces lignes semblent avoir été la transposition imaginaire, dans l'espace physique, des cordelettes à noeuds où étaient représentés ces lieux sacrés et qui permettaient de tenir la comptabilité des offrandes, des personnes chargées de les faire et des terres ou des troupeaux éventuellement affectés au culte de ces lieux. L'administration coloniale espagnole a vite compris l'intérêt qu'elle pouvait tirer de l'existence, dans chaque communauté, de personnes capables de tenir une comptabilité de la corvée et du tribut fournis à la Couronne. Pendant des décennies, elle a donc encouragé le maintien de ce système sémiotique que les Espagnols n'ont, autant que nous le sachions, jamais essayé de comprendre et de décrire. Les quipous comptables ont ainsi continué à être utilisés dans les communautés andines longtemps après la fin de l'empire inca et, dans certains cas, jusqu'au début du XXe siècle.

VIII
LES ARTS

L'expression d'« art inca » s'applique à des objets et à des édifices produits dans le style propre à l'élite de Cuzco à partir de la première moitié du xve siècle. Les traditions artistiques des peuples conquis ne se laissent guère infléchir par le style inca, à quelques exceptions près, comme les céramiques hybrides inca-chimú ou inca-chincha. C'est essentiellement lors des célébrations qui avaient lieu périodiquement dans les capitales provinciales que les sujets de l'Inca se trouvaient en contact avec cette production. Ils y festoyaient dans de la céramique inca, au milieu d'une architecture inca ; des vêtements de style inca étaient publiquement incinérés en offrande aux *wak'a* et au Soleil ; les caciques recevaient des dons de tissus précieux et d'orfèvrerie incas. Ces circonstances expliquent **les deux caractéristiques fondamentales de cet art. La première est son haut degré de standardisation** : la production artistique inca devant être identifiée facilement parmi la multitude des styles locaux, elle était confiée à des artisans travaillant directement au service d'un État qui veillait à ce que leurs réalisations soient marquées du sceau de son identité. **La deuxième est sa recherche d'harmonie et de douceur** : parce qu'il fournissait leur décor aux célébrations de la générosité de l'Inca, l'art impérial ne pouvait être fait d'images de rois, d'armées ou de dieux vengeurs. Il a préféré explorer les voies de l'abstraction géométrique et de la représentation naturaliste des animaux, des végétaux et des hommes. Pour ces raisons, il est « classique » dans sa recherche de lisibilité, de clarté, d'équilibre et de symétrie. On n'observe pas d'évolution graduelle entre l'architecture ou la céramique du Cuzco de la période intermédiaire tardive et celle de l'époque impériale. Le style inca semble donc être le fruit d'**une révolution artistique** qui résulte apparemment d'une intervention du pouvoir dans les questions esthétiques. L'art inca a voulu être un art nouveau pour une ère nouvelle.

TEXTILE

Depuis ses origines, la civilisation andine privilégie le textile comme moyen d'expression et objet de valeur. En témoigne, par exemple, le fait que l'emblème de la royauté inca, la *maskapaycha*, était une pièce de tissu qui pendait sur le front du souverain, et non, comme en Europe, une couronne en métal précieux. Les plus anciens tissus andins que l'on connaisse remontent aux environs de 9000 av. J.-C. et leurs décors ont influencé ceux de la céramique, de l'orfèvrerie et même de l'architecture. Le coton est cultivé sur la côte dès le milieu du second millénaire av. J.-C. et le métier à tisser est inventé vers 1800 av. J.-C. Le système d'écriture qu'utilisaient les anciens Péruviens, le quipou, était lui-même dérivé de l'art textile (cf. Les quipous, chap. VII). Rien n'égalait pour les Incas la valeur des tissus. Ce sont des tissus qu'ils offrirent aux Espagnols lorsque ceux-ci arrivèrent à Cajamarca et ils furent très surpris de constater que les étrangers n'appréciaient guère ces présents et ne donnaient de valeur qu'à l'or et à l'argent.

Les textiles andins consistaient principalement en vêtements. C'était le principal cadeau que l'on faisait aux jeunes gens lorsqu'ils accomplissaient le rite de passage à l'âge adulte (cf. Le cycle vital, chap. IX) et que l'Inca faisait aux seigneurs. Les Espagnols ont trouvé de grandes quantités d'entrepôts remplis de vêtements que l'Inca avait fait tisser pour les offrir à ses soldats et aux seigneurs qui le servaient. La production textile était sans aucun doute la seconde priorité économique des Incas après l'agriculture. Peu de tissus de style inca ont été conservés en raison du climat pluvieux des Andes. Les sables de la côte, par contre, où il ne pleut jamais, ont livré des milliers de tissus datant d'époques antérieures, souvent dans un bon état de conservation. On distinguait fondamentalement deux types de textiles. Il existait d'une part, les tissus courants, appelés simplement *awasqa* (« tissu »), qui étaient des produits domestiques destinés à l'habillement des gens du commun, à peu près unis et monochromes. Ils étaient en laine d'alpaga dans les hautes terres et en coton sur la côte. La laine de lama, moins douce et moins souple que celle de l'alpaga, était surtout utilisée pour la fabrication de couvertures, de sacs et de cordes. Il existait d'autre part, les étoffes précieuses, appelées *qumpi*, manufacturées sous administration royale pour être distribuées aux membres de l'élite pour son habillement. Car bien qu'il existât des tentures et des tapis dans les palais et les temples, l'essentiel de la production textile consistait en vêtements. Les *qumpi* étaient tissés en laine d'alpaga ou de vigogne selon la technique de la tapisserie, par laquelle la trame cache entièrement la chaîne. Ils se caractérisaient par leur décor très coloré, les Incas appréciant tout particulièrement le rouge, le jaune et le pourpre. Certains d'entre eux étaient rehaussés de plumes d'oiseaux de la forêt tropicale. Le conquérant Pedro Sancho de la Hoz mentionne l'existence d'un entrepôt contenant quelques 100 000 oiseaux desséchés dont les plumes étaient destinées à la fabrication de textiles. Certains vêtements contenaient des fils d'or et/ou d'argent, ou encore des perles en coquille de spondyle. Ils semblent avoir été surtout destinés à être portés lors de cérémonies religieuses. L'or et l'argent étaient en effet associés au Soleil et à la Lune respectivement. **Les *qumpi* présentent une surface si dense et si uniforme qu'ils ont été comparés par les chroniqueurs espagnols aux tapisseries des Flandres et même à de la soie**. Les quelques tuniques de *qumpi* qui sont parvenues jusqu'à nous montrent que les tisserands qui travaillaient pour l'Inca ont effectivement produit certains des vêtements en tapisserie les plus fins au monde. Quelques uns comptent plusieurs centaines de fils au centimètre.

Un costume d'*Ataw Wallpa* selon Pedro Pizarro (1571)

Un jour que je le regardais se nourrir, une goutte du mets qu'il portait à sa bouche tomba sur son vêtement. Il se leva aussitôt, aidé de l'Indienne, et entra dans sa chambre pour se changer. À son retour, il était vêtu d'une chemisette et d'une cape brun foncé. Je m'approchai de lui, tâtai le manteau, qui était plus doux que la soie et lui dis : « Inca, de quoi est fait ce vêtement si doux ? » Il me répondit : « Il est fait de ces oiseaux qui volent la nuit à Puerto Viejo et à Tumbes, qui mordent les Indiens et les Espagnols pendant leurs chevauchées et leur sucent le sang – c'est pour moi un grand mystère. » Il expliquait ainsi que le vêtement était fait du duvet des chauves-souris, dont il avait d'ailleurs la couleur. « Et où peut-on rassembler tant de chauves-souris ? » ai-je demandé. « Ces chiens de Tumbes et de Puerto Viejo n'avaient rien d'autre à faire que de chasser la chauve-souris pour confectionner ce manteau destiné à mon père », répondit-il.

Les motifs qui apparaissent sur les textiles incas sont abstraits et tranchent en cela avec ceux, plus figuratifs, produits par les cultures précédentes. Ils semblent avoir fonctionné comme des signes indiquant le statut et la fonction de celui qui les portait. Ils sont en effet standardisés et composés de couleurs vives, comme s'ils étaient destinés à être interprétés facilement par un grand nombre de gens. Le long de la partie basse des tuniques masculines et des robes féminines en *qumpi* se trouvait en particulier un panneau constitué de petits cadres carrés renfermant différentes figures géométriques, les *tuqapu* (« excellents »). Un document espagnol du XVIe siècle signale que ces figures représentaient les provinces conquises ou gouvernées par celui qui portait le vêtement.

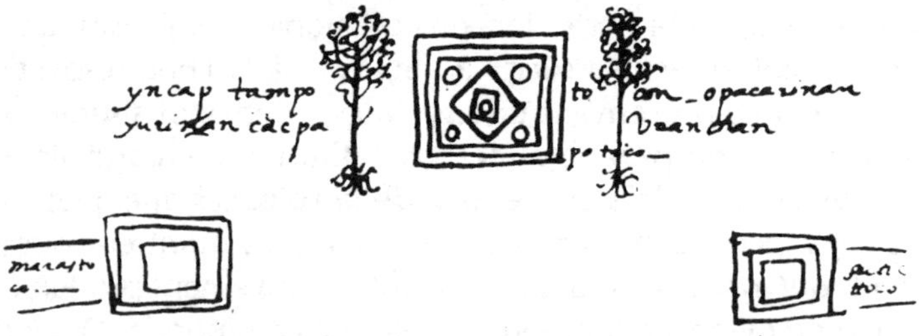

Possible représentation abstraite de la caverne dont sortirent Manqu Qhapaq *et ses frères et sœurs selon le chroniqueur indigène Pachacuti Yamqui*

On comprend mieux, dès lors, pourquoi leur distribution aux membres des élites provinciales était une prérogative du souverain ou de ses représentants : en faisant revêtir aux *kuraka* des habits de style inca où étaient symbolisés les lignages et les provinces placées sous leur autorité, l'Inca rappelait à ses sujets que c'était de lui qu'émanait le pouvoir des seigneurs locaux.

ARCHITECTURE

L'architecture est après le textile le mode d'expression artistique qui a le plus intéressé les Incas. Ceux-ci ont marqué le territoire entier de leur empire du sceau de leur architecture, même si celle-ci est souvent moins raffinée dans les provinces que dans la capitale et la région métropolitaine. Les Incas ont créé **un style architectural immédiatement distinguable de celui des constructions locales**: portes, fenêtres et niches sont trapézoïdales (on n'en connaît pas d'exemple antérieur) ; les murs sont inclinés vers l'intérieur, avec une pente de 4 à 6 degrés ; les édifices de plus haut prestige ont des portes à double jambage, des fenêtres à double encadrement et l'appareil de leurs murs est finement poli et assemblé, parfois polygonal. Les pierres des édifices de statut supérieur (temples, palais) sont souvent taillées en forme de coussins, de manière à créer un jeu d'ombre et de lumière qui évolue avec le mouvement du soleil.

Appareil des murs revêtant la pente de la colline à Tambomachay

Ce procédé donne à l'architecture inca une grande visibilité à distance, de même que la forte pente des toitures en chaume (environ 60°), parfois trois fois plus hautes que les murs de l'édifice qu'elles couvrent. Pour tailler et préparer les pierres, les Incas utilisaient des galets de rivière en guise de marteaux. Les blocs étaient ensuite tractés à force de bras, à l'aide de cordes végétales jusqu'au lieu de la construction où ils étaient assemblés. La plupart des bâtiments étaient édifiés en pierres à demi taillées ou en pierres non taillées, assemblées avec un mortier argileux.

*Le palais de l'Inca sur l'île de Titicaca (*Qullasuyu*)*

D'autres étaient en brique crue, y compris parmi les plus raffinés. Beaucoup avaient la partie inférieure de leurs murs en pierre et la partie supérieure, en briques. Les murs qui n'étaient pas d'un appareillage soigné étaient en principe recouverts d'un enduit et peints de couleurs vives, comme l'étaient d'ailleurs les édifices de la côte depuis la plus haute antiquité. On a retrouvé sur des bâtiments incas des traces de rouge, de noir et de crème. **Sur la côte centrale et méridionale**, où ils ont relativement peu construit, **les Incas ont adopté les systèmes de construction propres à la région**. L'élément cuzquénien le plus identifiable y est la forme trapézoïdale que l'on retrouve dans les portes, les fenêtres et les niches. Tout le reste (murs d'adobe, sol en terre battue, toits plats, distribution complexe des espaces intérieurs) relève des traditions locales. Le centre administratif de Tambo Colorado est un bon exemple d'un établissement inca construit avec une technique et selon des conceptions propres à la côte: on y trouve notamment des suites de pièces communiquant les unes avec les autres et donnant sur des cours et des couloirs, comme dans les demeures des seigneurs indigènes.

Le répertoire des formes décoratives et ornementales est très réduit. Les Incas « ne perdent pas de temps » en moulures, corniches, pilastres et bas reliefs. Leur architecture contraste en cela avec celle des chimú qu'ils connaissaient pourtant bien. C'est la qualité du travail de la pierre qui signale l'importance de l'édifice. Ce choix est probablement une conséquence d'une volonté de marquer rapidement les territoires conquis du sceau de l'architecture inca: les employés de l'État chargés de diriger partout les travaux reçoivent, probablement à Cuzco, une formation à la fois élémentaire et précise, susceptible d'être appliquée de façon fidèle dans tout l'empire en mobilisant des ouvriers, des artisans et des matériaux locaux.

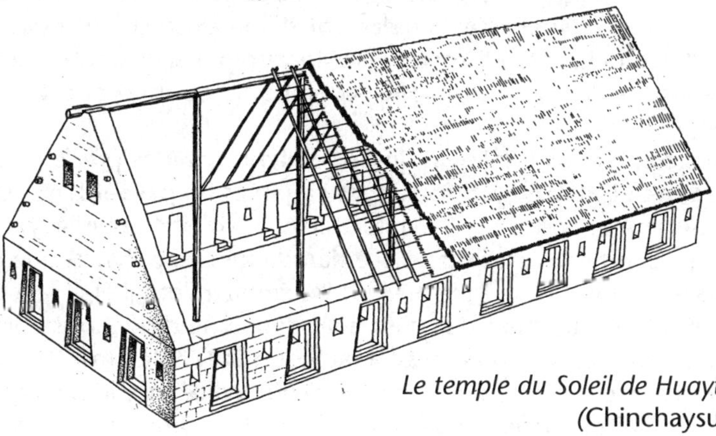

Le temple du Soleil de Huaytará
(Chinchaysuyu)

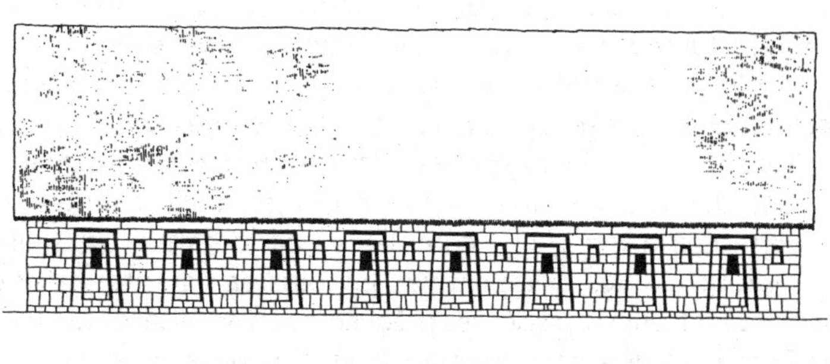

Avant l'époque impériale, les Incas ne disposaient pas d'une véritable tradition architecturale. Leur architecture est une création récente qui s'inspire de différents modèles. L'appareil des murs semble démarqué de celui que l'on peut observer à Tiahuanaco. Le chroniqueur Pedro Cieza de León rapporte qu'il a entendu « affirmer aux Indiens que les Incas firent les grands édifices de Cuzco en s'inspirant de la forme qu'a la muraille ou le mur que l'on voit dans ce lieu [Tiahuanaco] ». Il semble que l'art tiahuanaco de tailler les pierres se soit maintenu jusqu'à l'époque inca chez les *Lupaqa* et les *Qulla* que les Incas mobilisèrent pour construire les édifices de Cuzco. Le concept de *kancha* (cf Cuzco, chap. II) semble quant à lui emprunté à l'architecture chimú, Chan Chan étant la cité où les Incas purent admirer les palais les plus imposants existant alors en Amérique du Sud. Les Cuzquéniens auraient repris un modèle venant d'un pays où il ne pleut pas mais qui n'est guère adapté aux rigueurs du climat montagnard : il n'existait pas, dans une *kancha*, de communication intérieure entre les pièces et c'est par l'extérieur que l'on passait de l'une à l'autre, en s'exposant éventuellement au froid ou à la pluie. Passés rapidement d'une existence rustique à celle d'une puissante aristocratie, les Incas n'ont sans doute guère eu le temps de créer un habitat confortable et approprié à leur milieu.

Les souverains du *Tawantinsuyu* étaient obsédés par la création de réalisations architecturales capables de perpétuer et de magnifier leur souvenir. L'architecture était en effet pour l'Inca un moyen essentiel d'assurer sa place dans la mémoire dynastique et de garantir après sa mort le prestige du lignage dont il était le fondateur. La construction de palais était donc une de ses premières préoccupations, dès son accession au pouvoir. Même *Ataw Wallpa*, dont le règne fut extrêmement bref, s'en fit édifier un, à Carangui, près de Quito. Parce que les palais étaient des monuments à la mémoire d'un souverain, chaque Inca chercha à créer son propre style architectural, sans rompre pour autant avec les canons esthétiques établis dans la première moitié du XVe siècle. **Les architectes de *Pachakuti* jouent sur le contraste entre formes bâties et formes naturelles** : les édifices épousent les courbes du terrain ou s'appuient sur des rochers aux formes étranges, laissés intacts ou légèrement sculptés, parfois « complétés » par des murs ; des fenêtres s'ouvrent sur les perspectives les plus saisissantes. *Wayna Qhapaq* fit tout pour surpasser ses prédécesseurs en faisant construire des édifices plus grands, plus massifs et plus hauts que les leurs.

Moins intégrée au paysage, l'architecture de son règne regarde vers l'intérieur, particulièrement vers les bassins dans lesquels se reflètent les édifices. Une de ses plus belles expressions est le palais de *Qišpiwank'a*, près de l'actuel bourg d'Urubamba.

Vue extérieure du palais de Qišpiwank'a

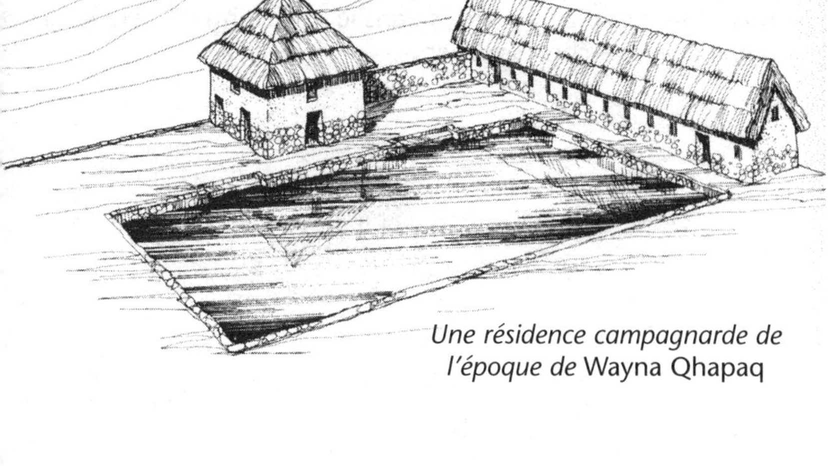

Une résidence campagnarde de l'époque de Wayna Qhapaq

La maison de l'Inca à Cajamarca selon Francisco de Jerez (1534)

La maison où résidait Atabalipa [= *Ataw Wallpa*], située au milieu de son camp, est la plus belle que l'on ait vue chez les Indiens, quoique petite. Elle est faite de quatre appartements disposés autour d'une cour comportant un bassin alimenté en eau par un conduit. Cette eau est si chaude qu'on ne peut y tenir la main. Elle sort toute bouillante d'une montagne des environs. Un autre conduit amène de l'eau froide qui se joint à la première, en sorte qu'elles arrivent mélangées au bassin. Quand on veut n'en n'avoir qu'une, on bouche l'autre canal. Le bassin est grand et construit en pierre. À l'extérieur de l'enceinte se trouve un autre bassin, moins bien fait que le premier, avec un escalier en pierre pour y descendre se laver. L'endroit où Atabalipa se tenait pendant le jour est un passage qui donne sur un jardin à côté duquel se trouve la chambre où il dormait, avec une fenêtre donnant sur la cour et le bassin. Le passage donne aussi sur la cour. Les murs sont enduits d'un bitume vermeil, plus beau que de l'ocre naturel et qui brille beaucoup, et les poutres du toit sont peintes de la même couleur. L'appartement qui se trouve en face est fait de quatre chambres voûtées, rondes comme des cloches, collées les unes aux autres et peintes d'un blanc aussi pur que de la neige. Les deux autres parties sont des maisons de service. Devant cette demeure passe une rivière.

Parmi les édifices les plus imposants construits par les Incas figurent d'énormes salles allongées avec un toit à double pente soutenu par des piliers plantés dans le sol le long de l'axe longitudinal, que les archéologues appellent « kallanka ».

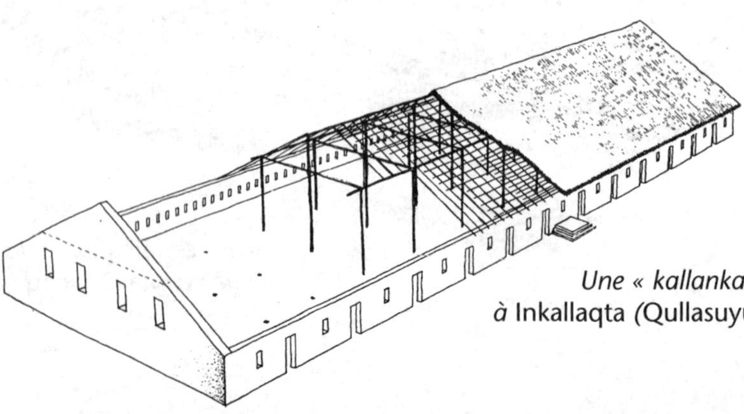

Une « kallanka » à Inkallaqta *(*Qullasuyu*)*

Elles pouvaient dépasser les 70 m de long et comportaient de multiples portes sur un seul côté, celui qui donnait sur la place au bord de laquelle ces constructions étaient toujours situées. La plus grande était sans doute celle qui faisait partie du palais de *Wayna Qhapaq* à Cuzco et donnait sur la « Place du Repos » (*Hawkaypata*). D'énormes poutres de bois fixées sur des socles de pierre en soutenaient le toit et le conquérant Pedro Pizarro affirme qu'elle pouvait accueillir 4000 personnes. Un édifice de ce type, dégagé à *Inkallaqta* (l'ancienne Pocona), à l'est de Cochabamba, en Bolivie, pouvait en contenir 600. Il mesure 78 x 26 m, soit 2 028 m^2 et compte sur sa façade douze portes alternant avec treize fenêtres. Il s'agit du plus grand édifice inca existant actuellement, après le temple de *Wiraqucha* à *Raqch'i* (l'ancienne Cacha) qui couvre 2323 m^2.

Même les infrastructures agricoles créées par les Incas manifestent un soucis architectural : plus qu'une nécessité économique, le vaste réseau de terrasses irriguées qui sculpte les versants des vallées des fleuves *Watanay* et Vilcanota, autour de Cuzco, est une expression de l'idéal de développement productif proclamé par les Incas, et l'esthétique y semble aussi importante que la fonctionnalité. À la saison des récoltes, les champs de maïs qui s'étageaient sur les terrasses de pierre grise de Pisac, domaine appartenant à *Pachakuti*, formaient une combinaison dorée argentée que l'on retrouve maintes fois dans l'orfèvrerie inca.

CÉRAMIQUE

Les Incas ont également créé un style céramique distinctif. Hors de la région métropolitaine, la céramique inca se retrouve essentiellement dans les capitales provinciales, la production des populations autochtones n'imitant que rarement celle des Incas. Pour pourvoir à ses besoins en matière d'hospitalité cérémonielle, l'État favorise la formation de potiers et leur installation et concentration dans les capitales provinciales ou dans des villages artisanaux proches des matières premières. La céramique qu'ils produisent apparaît dans certains villages indigènes, à côté de la vaisselle de manufacture locale, dans les demeures des caciques. Ainsi, 40% de la céramique que l'on a retrouvée dans les résidences de l'élite *wanka*, dans les villages de la haute vallée du Mantaro, est de style inca et produite à *Hatun Šawša*, la capitale provinciale construite par les Cuzquéniens.

L'élément le plus caractéristique de la céramique inca est sans aucun doute « **l'aryballe** », appelée en quechua *mak'as*, une jarre servant à transporter la bière de maïs sur le dos, au moyen d'une corde.

*Aryballe (*mak'as*) avec représentation de bouche ouverte*

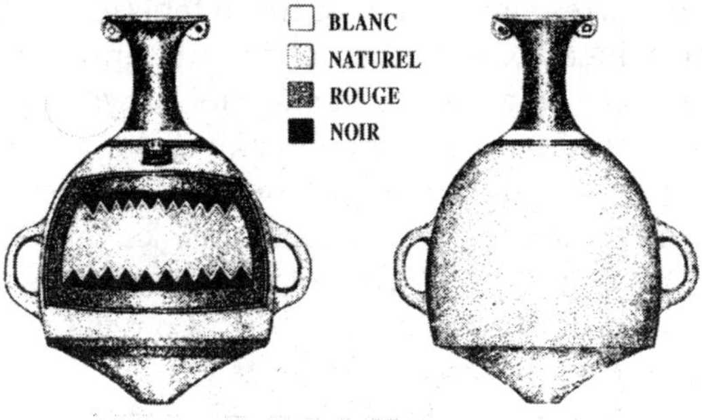

*Aryballe (*mak'as*)*

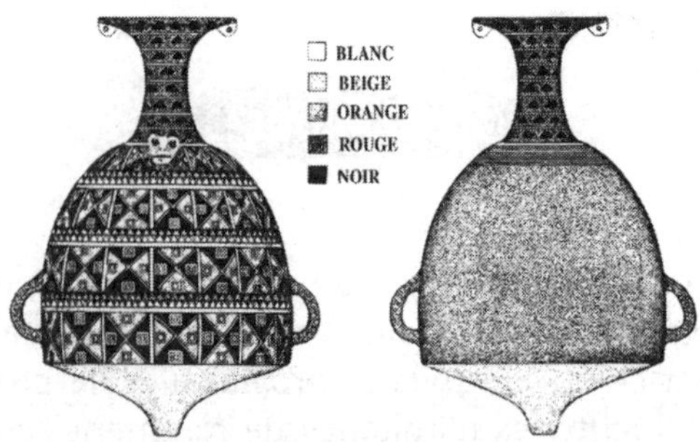

Son corps sphérique repose sur une base conique qui lui permet d'être posée de façon stable sur une concavité aménagée à cet effet dans le sol. Son goulot cylindrique plus ou moins long présente un rebord évasé. C'est en elle que s'exprime le mieux la générosité institutionnelle de l'Inca, puisqu'elle contient la boisson que le souverain offre à ses sujets lors des rassemblements périodiques dans les capitales provinciales. **Simplicité, sobriété et élégance sont la règle dans l'usage des lignes et d'un petit nombre de couleurs, généralement réduites à deux** : sur un fond rouge foncé ou orangé est appliqué un décor peint en noir, orangé, jaune ou blanc, le plus souvent constitué de motifs géométriques.

Vase à anse (aysana) *rouge et noir*

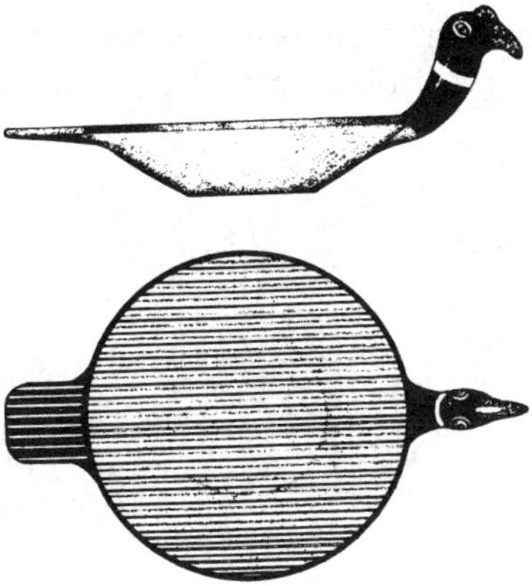

Assiète (p'uku) *rouge et noire en forme de condor*

Sculpture en pierre représentant un puma

ORFÉVRERIE

Si **l'abstraction géométrique est une des marques distinctives de l'art inca dans ses expressions bidimensionnelles** (textile et peinture sur céramique), il n'en va pas de même de **la ronde bosse** en métal ou en pierre, qui **est hautement naturaliste**.

Les Incas ont hérité de leurs prédécesseurs **une des technologies métallurgiques les plus sophistiquées au monde** et appréciaient beaucoup la malléabilité, la durabilité et la brillance de l'or et de l'argent, métaux qui ne servaient pas de mesure de valeur comme en Europe. N'ayant pas développé d'art somptuaire avant l'époque impériale, les Incas installèrent à Cuzco des orfèvres chimús et leur demandèrent de fabriquer des objets dans un style nouveau. Ils s'appliquèrent tout particulièrement à représenter des êtres humains, des animaux et des plantes, parfois en grandeur nature.

Lama en argent

Figurines humaines en argent

Relatant le pillage des palais et des temples de Cuzco en 1534, le conquérant Pedro Sancho écrit : « Parmi d'autres choses singulières, on ne pouvait qu'admirer quatre grands moutons [= lamas] d'or fin et dix ou douze statues de femmes, de la taille de celles de ce pays, toutes réalisées en or fin et si belles et bien faites qu'elles semblaient vivantes. » Décrivant les mêmes statues, son compagnon Miguel de Estete remarque : « Elles devaient avoir été faites à l'image de quelques dames défuntes, car chacune d'elles avait son service de pages et de femmes, comme si elles étaient vivantes, lesquels les servaient et les lavaient avec autant d'obéissance et de respect que si elles avaient été en chair. » Les meilleures pièces d'orfèvrerie incas ont malheureusement toutes été fondues par les Espagnols.

Les orfèvres travaillant pour l'Inca produisaient aussi des gobelets en or ou en argent repoussés, toujours utilisés en paires, les *hak'illa*, destinés à la consommation cérémonielle de bière de maïs.

Un général inca « trinquant » avec le Soleil selon Felipe Huaman Poma (1615)

On en fabriquait également **en bois**, que l'on appelle pour cette raison « queros » (*qiru* « bois »). Ces récipients étaient destinés à la consommation exclusive de l'élite. Lorsqu'un seigneur rendait visite à l'un de ses homologues, il se présentait chez celui-ci avec une paire de gobelets dans lesquels son hôte faisait verser de la bière de maïs afin qu'ils « trinquent » ensemble. Visiteur et amphitryon buvaient ensuite dans une paire de gobelets appartenant à ce dernier. Comme les vêtements de *qumpi*, les gobelets incas portaient en repoussé (pour les *hak'illa*) ou en incrustation (pour les queros) ces mêmes figures abstraites de forme carrée (*tuqapu*) que l'on retrouve sur les vêtements de l'élite. Le souverain faisait don de ces paires de gobelets aux seigneurs provinciaux en même temps que de vêtements de *qumpi*. Il se rendait ainsi présent dans les relations cérémonielles qu'entretenaient entre eux les seigneurs locaux lorsque, revêtus des tuniques offertes par l'Inca, ils trinquaient dans des *hak'illa* ou des *qiru*.

Qu'ils soient en or, en argent ou en bois, ces gobelets présentent toujours un diamètre plus important à l'ouverture qu'à la base, ce qui leur donne une forme évasée. Or, l'antécédent de cette silhouette très caractéristique se trouve à Tiahuanaco, une culture que les Incas ne connaissaient que de façon « archéologique ». On a même retrouvé à Cuzco des copies incas de gobelets tiahuanaco en céramique. Il en va de même de certains éléments du style architectural du règne de *Pachakuti*, par exemple l'appareil soigné des murs du *Qurikancha*, à Cuzco, du « torreón » de Machu Picchu, ou de l'Intihuatana de Pisac, qui parait inspiré de celui des édifices de Tiahuanaco. Ces éléments stylistiques semblent ainsi avoir matérialisé pour les Cuzquéniens une relation mythique avec cette cité. L'art du *Tawantinsuyu* se concevrait ainsi en partie comme un retour au style de la métropole du haut plateau, que les Incas tenaient pour le lieu où les ancêtres fondateurs de tous les lignages avaient été façonnés avant de partir conquérir les territoires qu'occuperaient leurs descendants. **En imitant le style du foyer originel de l'humanité, l'art inca semble célébrer la réunification d'un monde momentanément désagrégé par la dispersion des ancêtres fondateurs et les guerres qui ont suivi** (cf. Temps de la société et temps du monde, chap. V).

L'ART INCA SOUS LA DOMINATION ESPAGNOLE

L'art colonial du Pérou est le fruit d'une histoire complexe de destruction et de recréation. En 1570, le vice-roi Toledo interdit la fabrication de représentations plastiques issues de la tradition autochtone. Cette mesure semble avoir fortement affecté les représentations figuratives dans la céramique et l'orfèvrerie mais non l'art textile que les autorités civiles et religieuses ne percevaient pas comme intrinsèquement lié au paganisme. Après la conquête, le textile et le travail de l'or et de l'argent conservent une place centrale dans la production artistique andine. Grâce à la persistance, dans la région de Cuzco, d'une élite autochtone très attachée à une identité inca qui légitime ses privilèges et son pouvoir politique local, **quelques unes des expressions fondamentales de l'esthétique inca perdurent jusqu'au début du XIXe siècle**. Pendant près d'un siècle après la conquête, les orfèvres continuent à produire des *hak'illa*, mais, en raison du prix élevé des métaux précieux, la créativité de tradition autochtone se réfugie surtout dans le textile et la fabrication de gobelets de bois, les queros. C'est même aux XVIIe et XVIIIe siècle que l'art du quero connaît sa plus grande splendeur, dans la région de Cuzco et dans le bassin du Titicaca. **Dans le dernier tiers du XVIe siècle, les artistes indigènes assimilent les techniques de l'art figuratif occidental et se mettent à produire** non seulement de l'art religieux chrétien mais aussi **des queros illustrés de scènes évoquant l'histoire inca, les fêtes traditionnelles et le cycle agricole**.

Avec l'effondrement du *Tawantinsuyu*, les tisserands spécialisés dans la fabrication de *qumpi* quittent les villages artisanaux créés par les Incas pour travailler au service de seigneurs indigènes ou de riches Espagnols. À quelques exceptions près, la qualité de la production décline, les tissus devenant moins fins quoique longtemps encore d'excellente qualité. Les élites indigènes se font en effet confectionner des vêtements de *qumpi* « à l'antique » non pour les porter au quotidien – car elles s'habillent désormais à la mode espagnole –, mais lors des processions et des fêtes urbaines où caciques et descendants des Incas défilent costumés en seigneurs et rois du passé. **Les tissus de *qumpi* deviennent ainsi les supports de la mémoire des gloires précoloniales** et les symboles d'affiliation au passé inca prolifèrent sur ces vêtements de parade : les *tuqapu* prennent davantage de place tandis que fleurs, insectes et félins se multiplient sur le fond autrefois unis des vêtements, en contraste avec le caractère géométrique du vocabulaire textile préhispanique.

IX

VIE PRIVÉE ET LOISIRS

Les chroniqueurs ne se sont guère intéressés à l'existence quotidienne des habitants du *Tawantinsuyu* qu'ils ont parfois imaginée écrasée de labeur et réglée jusque dans ses aspects les plus intimes, comme le choix d'un conjoint, par les représentants de l'État. Beaucoup d'informations éparses démentent ce panorama austère et rigide que certains ouvrages généraux sur les Incas continuent pourtant de véhiculer. Les fêtes et les réjouissances semblent avoir été nombreuses et étroitement liées à la réalisation de travaux collectifs et aux cérémonies religieuses. L'iconographie de toutes les périodes de l'histoire du Pérou ancien abonde en représentations de musiciens, d'instruments et de danseurs, et les sources historiques soulignent l'énorme importance de la musique, du chant et de la danse dans la vie quotidienne des populations andines des XVIe et XVIIe siècles. Les divers aspects de la vie privée, notamment la vie familiale, l'éducation et la sexualité, sont encore très mal connus et le système de parenté inca n'a pas fait l'objet de recherches sérieuses.

Fête dans la province de Kuntisuyu *selon Felipe Huaman Poma (1615)*

LES NOMS

Les Incas et leurs sujets changeaient plusieurs fois de nom au cours de leur vie. L'enfant recevait à sa naissance un premier nom, souvent déterminé par un événement qui s'était produit à ce moment (par exemple des paroles prononcées par son père ou sa mère ou encore l'apparition d'un oiseau). Il changeait de nom à l'occasion du premier rite de passage de la vie, la « coupe des cheveux » (cf. Le cycle vital, chap. IX), qui était célébré vers un ou deux ans. Le second changement de nom avait lieu lors du rite de passage à l'âge adulte, vers 14 ou 15 ans (cf. Le cycle vital, chap. IX). **Ces noms étaient généralement constitués de deux composants lexicaux, le premier précisant ou adjectivant le second**: *Šullk'a Waman* « Faucon Cadet », *Chuki Llanthu* « Ombre de la Lance » (épouse de *Waškar*). Ces composants semblent parfois avoir été puisés au patrimoine des noms d'ancêtres illustres et désignaient souvent un animal puissant: puma (*puma*), condor (*kuntur*), serpent (*amaru*), faucon (*waman*), etc., car les fondateurs des lignages étaient réputés s'être changés en animaux pour combattre leurs ennemis.

Certains des composants des noms des Incas ne s'expliquent pas par le quechua mais prennent vraisemblablement leur origine dans la langue propre à ce groupe ethnique: *Yupanki* (*Inka Yupanki* ; *Thupa Yupanki* « *Yupanki* le Resplendissant »), *Ruq'a* (*Inka Ruq'a*) ou *Mayta* (*Mayta Qhapaq* « *Mayta* le Puissant »). Au XVIe siècle, les Incas considéraient le terme *yupanki* comme une sorte de titre honorifique qui leur était propre, de même que, pour les femmes, le terme *uqllu,* qui entre dans la composition de beaucoup de noms féminins, à commencer par celui de l'épouse et soeur de *Manqu Qhapaq, Mama Uqllu* « Mère *Uqllu* ». Lorsqu'on peut les interpréter, les noms des souverains incas font tous allusion à une caractéristique réelle ou supposée de celui qui les porte: *Lluq'i Yupanki* « *Yupanki* le Gaucher », *Ataw Wallpa* « Heureux à la Guerre », *Thupa Amaru* « Serpent Resplendissant », *Ataw Rimachi* « Celui qui fait parler la Fortune ». Les souverains semblent avoir pris un nouveau nom lors de leur accession au pouvoir, comme *Inka Yupanki*, qui se voulait le fondateur de l'empire et s'était fait appeler *Pachakuti* « Retour d'Époque », ou *Thupa Kuši Wallpa* « Heureux et Resplendissant » qui devint *Wayna Qhapaq* « Jeune Seigneur ». De la même façon, le nom sous lequel certaines personnes étaient connues ne semble pas avoir été celui qu'elles avaient reçu à l'adolescence mais évoque plutôt, à la manière d'un surnom, une caractéristique acquise à l'âge d'adulte: *Rumiñawi* « Oeil de Pierre » était un impitoyable général d'*Ataw Wallpa* ; *Atuq* « Renard » était un général de *Waškar* que l'on peut croire rusé ; *Uturunku Achachi* « Vieux Jaguar » était un général de *Thupa Yupanki* qui avait conquis une région amazonienne et y avait tué un jaguar. Certains personnages étaient connus par le nom de leur lieu d'origine: *Q'iwar Thupa* « le Resplendissant de *Q'iwar* », fils de *Thupa Inka*, était probablement né à *Q'iwar*, près de Cuzco ; *Wanka Awki* « le Seigneur *wanka* », général de *Waškar*, était le fils de *Wayna Qhapaq* et d'une femme de l'ethnie *wanka*.

Les termes composant les noms des femmes évoquent souvent des éléments appartenant à la sphère féminine: *Quri Illphay* « Giron d'Or », épouse d'*Inka Ruq'a* ; *Kuši Rimay* « Parole de Bonheur », épouse et sœur de *Wayna Qhapaq* ; *Chimpu Urma* « Fragment (tombé du ciel) du Halo (de la Lune ?) », épouse d'*Inka Ruq'a* ; *Qišpi Sisa* « Fleur Transparente », fille de *Wayna Qhapaq* et concubine de Francisco Pizarro. Comme les hommes, les femmes étaient parfois connues par le nom de leur lieu d'origine: *Mama Runtuqayan* « Mère *Runtuqayan* », épouse de l'Inca *Wiraqucha*, était du village du même nom, et *Mama Anawarki* « Mère *Anawarki* », épouse de *Pachakuti*, serait née sur la colline d'*Anawarki*, tout près de Cuzco.

LE CYCLE VITAL

Pour les Incas, les moments les plus significatifs de la vie étaient la première coupe de cheveux, le passage à l'âge adulte, le mariage et la mort. Ces transitions faisaient l'objet d'importants rituels. La naissance, par contre, ne donnait pas lieu à une cérémonie particulière, sans doute parce qu'en raison d'un taux élevé de mortalité des enfants en bas âge, **la véritable entrée dans la vie était le passage de la catégorie de bébé à celle d'enfant, vers deux ans**. Il donnait lieu à la cérémonie de la première « coupe des cheveux » (*rutuchikuy*). Á cette occasion, les parents et leurs amis se réunissaient pour boire et danser. Chacun coupait une mèche des cheveux de l'enfant, qui seraient soigneusement conservés pendant toute sa vie.

La première coupe des cheveux selon Garcilaso (1609)
Ils sevraient les enfants à partir de l'âge de deux ans, et leurs coupaient les premiers cheveux avec lesquels ils étaient venus au monde ; jusque-là ils n'y touchaient pas. Ils leurs donnaient alors le nom propre qu'ils devaient porter. À cet effet, tous les parents s'assemblaient et celui qu'on avait élu pour parrain donnait le premier coup de ciseaux à son filleul. Il se servait en fait d'un couteau de silex, car les Indiens ne connaissaient pas les ciseaux. Après le parrain tous les autres à leur tour, selon leur âge ou leur qualité, coupaient les cheveux de l'enfant ; quand ils l'avaient rasé, ils lui imposaient un nom et lui offraient des présents : les uns des vêtements, d'autres du bétail, d'autres différentes sortes d'armes, d'autres encore des gobelets d'or ou d'argent pour boire ; mais ces derniers n'étaient offerts qu'à des enfants d'extraction royale, car les gens du commun ne pouvaient en user que par un privilège particulier. Après avoir fait ces présents, ils se mettaient à boire, autrement la fête n'eût pas été bonne. Ils chantaient et dansaient jusqu'à la nuit ; ces réjouissances duraient deux, trois, quatre jours ou plus si l'enfant était bien apparenté.

Dès l'enfance, l'individu participait à un certain nombre d'activités économiques : les filles aidaient leur mère à cuisiner et à tisser, tandis que les garçons surveillaient les champs contre les prédateurs. **Le rite de passage le plus complexe était celui qui conduisait à l'état de jeune fille ou de jeune homme en âge de se marier**. Les Incas appelaient *warachikuy* (« mise du pagne ») celui qu'accomplissaient les garçons vers l'âge de quatorze ou quinze ans. Il avait lieu en décembre, au moment du solstice d'été, lorsque le Soleil est au plus haut de sa force. Il comportait une série d'épreuves visant à tester l'aptitude des jeunes hommes à devenir des guerriers. Après un jeûne de plusieurs jours, les adolescents devaient traverser la vallée de Cuzco à la course puis s'affronter les uns aux autres en une bataille qui faisait souvent des blessés, parfois des morts. Au terme d'une série d'exercices militaires, on leur perçait les oreilles pour y insérer les grosses boucles propres à l'ethnie inca, on leur mettait le pagne qui marquait leur condition virile, on leur attribuait un nouveau nom et les anciens leurs prodiguaient des conseils. Le rituel équivalent pour les filles, le *k'ikuchikuy* (« (première) menstruation »), était moins élaboré. Après quelques jours de jeûne, la jeune fille recevait la visite de sa parentèle à laquelle elle servait boisson et nourriture. On lui donnait en cette occasion son nom d'adulte, de nouveaux vêtements et d'autres cadeaux avant de lui prodiguer à elle aussi des recommandations.

Le mariage constituait la césure centrale d'une vie : il signalait le moment où chacun recevait tous ses droits et toutes ses obligations. En formant un foyer, c'est-à-dire une nouvelle unité de production, une personne du commun devenait en effet pleinement corvéable. Les hommes se mariaient vers l'âge de 20-25 ans et les filles entre 16 et 20 ans. C'était la construction d'une nouvelle maison qui marquait l'établissement définitif d'un couple. On se mariait à l'intérieur de son *llaqta*, et peut-être même de son *ayllu*, et la résidence était patrilocale – le couple s'établissait à côté de la maison des parents du jeune homme –. Parmi les élites, la polygamie était la règle et les mariages avec des individus d'autres nations, très répandus car ils permettaient de sceller des alliances politiques.

Le mariage des gens du commun selon Garcilaso (1609)
Quant aux mariages des gens du commun, il revenait au conseil de chaque village de construire les maisons des nouveaux époux, et à la parentèle de fournir le mobilier. Ceux d'une province ne pouvaient se marier dans une autre, ni ceux d'un village dans un autre, mais tous dans leurs villages et à l'intérieur de leur parentèle (comme les tribus d'Israël), afin de ne pas confondre les lignages et nations en se mélangeant les uns avec les autres. Ils en exceptaient leurs sœurs et tous ceux d'un village se tenaient pour parents (à l'imitation des abeilles d'une ruche) et même ceux d'une province pourvu qu'ils fussent d'une même nation et qu'ils parlassent une même langue. Il leur était défendu d'une province dans une autre, d'un village dans un autre ou d'un quartier dans un autre, parce qu'ils pouvaient confondre les décuries [unités de dix foyers (cf. mobilisation de la main d'œuvre, chap. IV)] constituées par les habitants de chaque village et quartier, et aussi parce que c'étaient les conseils qui faisaient construire les maisons, chose qu'ils ne devaient faire qu'une fois, dans le quartier de leurs parents.

On connaît mal les conceptions relatives à la naissance et à la formation de l'individu. La vie ne semble en tout cas pas avoir été conçue comme un trajet entre un commencement et un terme, mais comme un devenir aux limites floues, constitué d'âges successifs, peut-être à l'image de l'année agricole, qui n'avait, elle non plus, ni début ni fin (cf. Le temps de la vie paysanne, chap. V). **La mort apparaissait comme un prolongement de la vie.** Les corps des défunts étaient placés en position assise dans des abris rocheux ou des tours funéraires (cf. L'habitat, chap. IX) dans lesquels, protégés de la pluie et du contact avec le sol et abondamment aérés, ils se desséchaient sans se putréfier. On les parait de leurs plus beaux vêtements et déposait à côté d'eux vaisselle, armes et outils de production (quenouilles, filets de pêche, etc.) afin qu'ils poursuivent dans l'au-delà les activités nécessaires à leur subsistance. Pendant cinq jours après le décès, l'âme du défunt (*supay*) continuait à rôder près des endroits qu'elle avait l'habitude de fréquenter pendant sa vie. Puis, elle partait rejoindre le lieu d'origine de sa communauté (*paqarina*) où elle menait une seconde vie. Les corps des défunts n'en continuaient pas moins à recevoir périodiquement les offrandes de nourriture et de boisson des vivants.

Il importait beaucoup aux caciques et à l'État, qui mobilisaient périodiquement la force de travail de la population, de recenser celle-ci en fonction de classes d'âge correspondant à des conditions physiques et à un rôle productif particuliers. Ces classes n'étaient pas des catégories purement administratives mais correspondaient à l'organisation du travail telle que les paysans eux-mêmes l'avaient définie.

Les classes d'âge

FEMMES		HOMMES	
wawa	bébé	*wawa*	bébé
warma	enfant (3 à 7 ans)	*warma*	enfant (3-7 ans)
taski	fille non encore en âge de se marier (8-13 ans)	*maqt'a*	garçon non encore en âge de se marier (8-15 ans)
sipas	jeune fille célibataire mais en âge de se marier	*wayna*	jeune homme célibataire mais en âge de se marier
puqusqa warmi	femme mariée	*puqusqa runa*	homme marié
paya	femme d'âge avancé	*machu*	homme d'âge avancé
ruku	vieille femme décrépite	*ruku*	vieil homme décrépit

L'HABITAT

Le plus souvent, les Incas n'ont pas altéré l'habitat des populations qu'ils ont conquises. Celles-ci continuent d'occuper les mêmes villages qu'à l'époque précédente. Dans les hautes terres ces villages sont situés en des lieux non cultivables, à flanc de colline ou sur des promontoires abrupts tombant à pic sur les vallées. Fortifiés sur leur côté accessible, ces nids d'aigle sont visibles les uns des autres, à peu de kilomètres, ce qui permet à leurs habitants de surveiller et défendre leur territoire. Certains villages, peu nombreux, ont l'allure de véritables villes, pouvant atteindre les 10 000 habitants. Mais la plupart n'en comptent que quelques centaines. Ils contiennent parfois une petite place mais ne présentent aucune planification et aucune différenciation n'existe, en termes de style ou de qualité architecturale, entre les maisons. Autour des zones d'habitation, à l'intérieur des murailles, se trouvent des enclos à bestiaux et des greniers, le plus souvent au nombre de 20 à 50.

Dans les hautes terres, **les unités d'habitation consistent en des patios délimités par des murs en pierre**, à l'intérieur desquels se trouvent un ou plusieurs édifices circulaires, de trois à six mètres de diamètre intérieur. L'un de ces édifices sert de cuisine, d'autres de chambres, d'autres encore d'entrepôts.

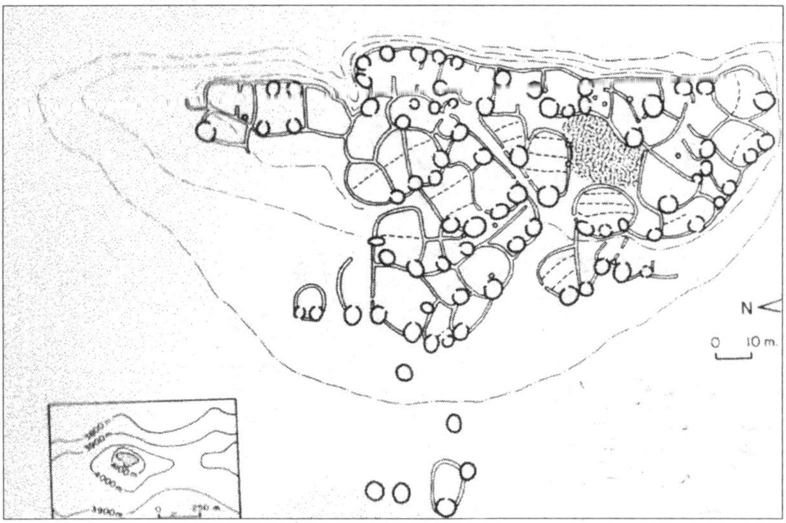

Plan du village chupaychu de Quero (Chinchaysuyu)

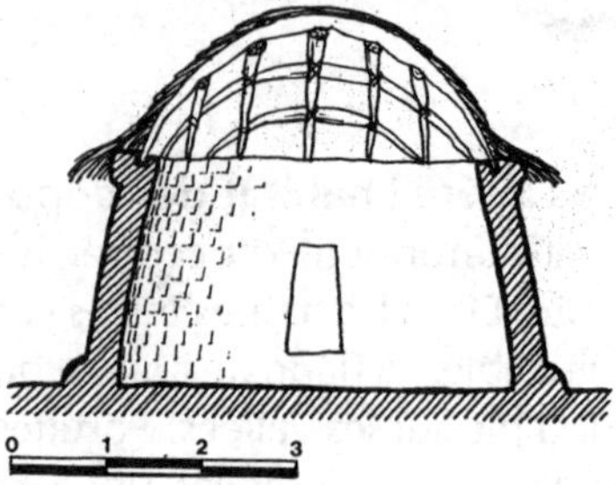

Coupe d'une maison circulaire actuelle à Chipaya (Bolivie)

Les murs sont en pierre non taillée ou en briques crue, voire en mottes de terre, selon les régions, et les toits, en chaume.

Les caciques disposent de maisons plus grandes où ils reçoivent leurs vassaux pendant la saison des pluies. **La petite taille des maisons des familles du commun s'explique par le climat** : le jour, les températures sont agréables toute l'année et on se tient essentiellement dans la cour ; la nuit, selon certaines études, les petites maisons sans fenêtres ont absorbé les rayons solaires et les retiennent jusqu'au lendemain. **La cour** devant la maison sert à trier les récoltes et à les sécher au soleil. C'est aussi l'endroit où l'on file et tisse. Les maisons populaires construites dans le cadre des programmes urbanistiques de l'État se distinguent des habitations traditionnelles par leur forme rectangulaire qui imite celle des édifices de prestige incas.

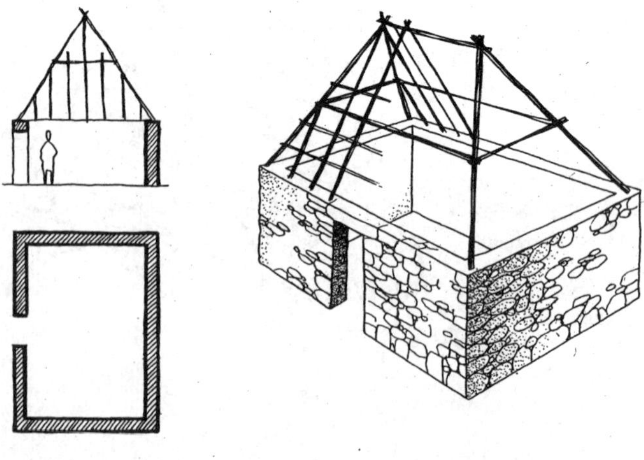

Maison inca du style le plus simple

Sur la côte, les maisons des gens du commun sont en claie de roseaux tandis que celles de l'élite sont en pisé.

Dans le *Qullasuyu*, les momies des défunts étaient conservées dans des **tours funéraires** que les archéologues appellent improprement *chullpa* – ce terme qui signifie « flétri » est en réalité une désignation moderne des corps desséchés qui s'y trouvent – et qui étaient conçues sur le modèle des maisons. Rondes ou carrées, en pierre ou en adobe, elles étaient cependant plus hautes que les habitations des vivants et s'élevaient vers le ciel en forme de cylindre ou de parallélépipède. Il n'est pas rare que certaines atteignent les 12 m de hauteur. Même celles qui imitaient les formes architecturales incas et étaient rectangulaires, avaient une structure intérieure circulaire avec une fausse voûte.

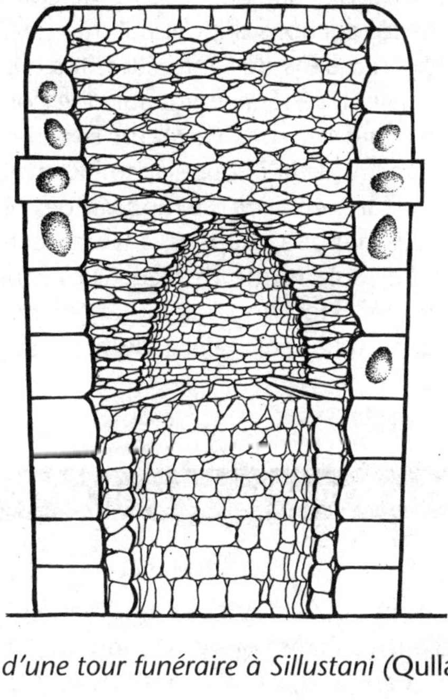

*Coupe d'une tour funéraire à Sillustani (*Qullasuyu*)*

Etant donné la rareté du bois dans les Andes comme sur la côte, **les anciens Péruviens n'ont guère développé de tradition de mobilier**. Les objets à ranger étaient placés sur le sol (marmites, jarres, cruches, plats et tasses), dans des niches ouvertes dans les murs ou bien suspendus à des tétons dépassant des murs ou aux poutres du toit. La nourriture était conservée dans de grandes jarres à l'intérieur de la maison et dans des greniers, à l'extérieur. Dans certaines zones, le foyer n'était fait que de quelques pierres. Il était alors placé au milieu de la maison, à au moins un mètre du mur. Ailleurs, on utilisait un foyer en terre cuite adossé à l'un des murs. La fumée s'échappait par des orifices aménagés dans le toit. Ce foyer comportait en principe deux feux, car on cuisinait souvent deux marmites à la fois afin d'économiser le bois de chauffe, rare et difficile à ramasser. Dans les zones d'élevage, la bouse séchée de lama ou d'alpaga remplaçait avantageusement le bois sec. Pour manger, on s'asseyait par terre, et les plats et les bols, en céramique, en bois ou en calebasse, étaient déposés sur le sol ou sur une pièce de tissu. Les femmes mangeaient en tournant le dos aux hommes, regardant vers le foyer. Les classes supérieures mangeaient aussi par terre mais dans de la céramique de luxe, voire dans de la vaisselle d'or et d'argent disposée sur des tissus précieux. La cuisine était aussi le lieu de vie des cochons d'Inde, qui mangeaient les épluchures et faisaient leur nid dans des anfractuosités des murs. Les gens du commun dormaient généralement sur une couverture posée à même le sol. Certaines maisons de statut supérieur comportaient une plate forme servant de lit à toute la famille, avec des matelas de coton et des couvertures en laine. Le mobilier des résidences royales se réduisait pratiquement aux nappes, à la vaisselle, aux matelas et aux couvertures. La seule forme de siège, la *tiyana*, était réservée aux personnes de très haut rang. C'était un siège bas, légèrement concave, taillé dans une seule pièce de bois, souvent en forme d'animal.

L'ALIMENTATION, LA BOISSON ET LA COCA

Les Incas n'ont pas développé une tradition culinaire aussi raffinée que celle d'autres élites royales ou impériales ailleurs dans le monde. Dans les banquets, on mangeait peu et buvait beaucoup, la bière de maïs étant une boisson hautement nutritive. **L'alimentation quotidienne de l'immense majorité de la population était végétarienne.** La nourriture était soit bouillie dans une marmite, soit rôtie sur le feu. Les nombreuses plantes cultivées dans la région andine permettaient l'élaboration d'un large éventail de soupes et de ragoûts agrémentés de piments, d'herbes aromatiques et, sporadiquement, de viande. Comme les paysans andins actuels, les habitants du *Tawantinsuyu* ne prenaient que **deux véritables repas par jour**, l'un vers huit heures du matin, l'autre vers quatre ou cinq heures de l'après-midi, le repas le plus consistant étant celui du matin. En milieu de journée, on était généralement aux champs ou dans les pâturages où l'on prenait un en-cas froid fait de pommes de terre et/ou de maïs bouilli ou grillé.

La pomme de terre – dont les très nombreuses variétés présentent des saveurs et des textures très diverses – **constituait dans les hautes terres la base de l'alimentation**. Comme aujourd'hui, elle pouvait faire l'objet de deux élaborations aux saveurs très différentes : le *ch'uñu* est un produit que l'on obtient par déshydratation de la pomme de terre en la soumettant au gel pendant trois jours, puis en l'écrasant légèrement et en la faisant sécher ; la *muraya* est élaborée en faisant geler la pomme de terre pendant trois nuits puis en la plongeant dans l'eau d'une rivière pendant environ trois semaines avant de la laisser sécher au soleil. **Ces procédés permettent de conserver la pomme de terre pendant au moins cinq ans** et sont également appliqués aux autres tubercules (par exemple à la oca, dont on obtient la *khaya*) et même au maïs (dont on obtient la *chuchuqa*). Sans cette possibilité de conserver longtemps les aliments, il serait impossible de subsister dans la *puna* où les gelées peuvent faire disparaître en une nuit toute la récolte de l'année.

Contrairement aux habitants de la côte, qui consommaient de grandes quantités de maïs, ceux des hautes terres ne le mangeaient que comme appoint, bouilli ou grillé, ou, lors des fêtes, sous forme de brioche. La consommation de maïs par la population semble cependant s'être accrue sous l'empire inca. Le commun ne mangeait de viande (lama ou alpaga séchés, cochon d'Inde rôti) que dans des occasions spéciales. Les habitants de la côte, par contre, consommaient en abondance des ragoûts de poisson. Les anciens Péruviens n'ont jamais bu de lait ni mangé de fromage ou d'œufs bien que plusieurs des animaux qu'ils avaient à leur disposition auraient pu leur en fournir.

On buvait rarement de l'eau mais plutôt de la bière (*aqha* ou *aswa*) de maïs, de quinua, d'oca, de molle, de cañihua, de graines de caroubier, de jus de maguey, etc., très faiblement alcoolisée dans la vie quotidienne mais davantage dans les occasions festives. Pour préparer de la bière de maïs on laissait quelques jours les grains dans de la paille humide, afin qu'ils commencent à germer. On laissait ensuite sécher un peu ces germes, puis on les écrasait et les faisait bouillir. Le liquide obtenu était alors passé au tamis puis laissé dans un récipient hermétiquement clos afin qu'il fermente.

Les repas de l'Inca selon Garcilaso (1609)
La nourriture était très abondante, car on la préparait pour tous les parents de l'Inca qui voulaient aller manger avec lui, et pour les serviteurs de la maison royale, qui étaient nombreux. Le principal repas des Incas et de tous ceux du commun avait lieu le matin de huit heures à neuf heures ; le soir, ils soupaient légèrement avant qu'il ne fît nuit. Ils ne prenaient que ces deux repas. D'une façon générale ils mangeaient peu ; mais ils étaient moins sobres pour la boisson. Ils ne buvaient pas en mangeant, mais en revanche ils buvaient après leur repas jusqu'à la nuit. Cela néanmoins ne s'observait que parmi les riches, car les pauvres, c'est-à-dire les gens du commun, avaient fort peu de toutes choses bien qu'ils ne fussent pas dans la misère.

La coca est un arbrisseau cultivé dans les régions chaudes et humides, dont les feuilles contiennent une substance stimulante analogue à la caféine ou à la théine. On la mâchait en toutes occasions avec une pâte à base de chaux ou de cendre végétale qui permettait de libérer l'alcaloïde contenu dans les feuilles.

La coca selon Blas Valera (1590-96)
La coca est un arbuste de la hauteur et de la grosseur de la vigne. Il a peu de branches et sur celles-ci quantité de feuilles délicates, de la largeur du pouce, longues comme la moitié de ce même doigt, et exhalant une bonne odeur, quoique peu suave. Ces feuilles sont appelées *cuca* par les Indiens et les Espagnols. La *cuca* est si agréable aux Indiens qu'ils la préfèrent à l'or, à l'argent et aux pierres précieuses ; ils la cultivent avec un soin extrême et la récoltent plus soigneusement encore ; en effet, ils cueillent les feuilles une par une et les sèchent au soleil, et une fois sèches les Indiens les mâchent, mais sans les avaler ; ils n'avalent que le jus, et savourent l'odeur. On peut juger de l'utilité et des vertus fortifiantes de la *cuca* pour les travailleurs, en ce que les Indiens qui la mâchent sont plus vigoureux et plus dispos au travail ; et souvent, se contentant de la *cuca*, ils travaillent un jour entier sans manger.

LA MÉDECINE

Les anciens Péruviens attribuaient les maladies (*unquy*) à deux types de causes. La première était **l'infiltration dans un individu d'une entité étrangère** émanant d'une puissance surhumaine. Les symptômes permettaient d'identifier l'entité censée occuper physiquement le malade. Cette intrusion était en principe une sanction, un châtiment infligé par une divinité – notamment par un *wak'a* – à un individu pour le punir d'un délit, d'une impiété, d'une négligence à son égard ou de la violation d'un interdit par l'intéressé lui-même ou par l'un de ses proches. Le malade n'était pas forcément conscient de la faute qu'il avait commise ou qu'avait commise un des siens et il appartenait au guérisseur de la découvrir et de la lui révéler. Une fois le diagnostic réalisé, la maladie pouvait être chassée de différentes façons. Par exemple, après avoir sucé l'endroit douloureux, le guérisseur produisait aux yeux de son client un petit objet ou un cailloux censés avoir été extraits de son corps et concrétiser la maladie. Il pouvait aussi frotter le malade avec un cochon d'Inde vivant, destiné à absorber la maladie et à en délivrer le patient. Toutes les « intrusions » n'étaient cependant pas la conséquence d'une faute. Les cadavres, récents ou anciens, étaient considérés comme hautement pathogènes et susceptibles de contaminer les vivants par leurs émanations. **La maladie pouvait être également la conséquence d'une perte de l'« âme »** (*sunqu*) retenue captive par une puissance non humaine, en particulier un lieu (*pacha*). Il revenait au guérisseur de la récupérer et de la faire revenir dans le corps de son patient, sans quoi celui-ci était inéluctablement amené à mourir. Les symptômes de la perte de l'âme pouvaient être une dépression, un amaigrissement inexpliqué, de la fièvre, de la nausée, des vomissements, des diarrhées, de l'asthénie, des palpitations ou de l'insomnie. Souvent, **un des moyens de parvenir au diagnostic causal était la divination** : le guérisseur se fondait sur la position que prenaient des feuilles de coca qu'il laissait tomber sur une pièce de tissu.

Il est difficile d'évaluer l'efficacité psychothérapique des procédés évoqués plus haut. **La thérapeutique de l'ancien Pérou s'appuyait cependant aussi sur une pharmacopée d'une exceptionnelle richesse** et une connaissance approfondie de l'anatomie. Les guérisseurs connaissaient de nombreux analgésiques, divers anti-hémorragiques et des substances végétales et minérales douées d'un pouvoir antiseptique modéré. Ils semblent avoir eu des connaissances chirurgicales particulièrement avancées. Ils pratiquaient la suture des blessures ; les corps étrangers étaient extraits à l'aide de pinces en bronze ; les pansements étaient faits avec des tampons d'une sorte d'ouate enrobée de gaze. Ils pratiquaient l'amputation et on a même retrouvé des prothèses en bois dans certaines nécropoles antérieures à l'époque inca.

LE VÊTEMENT

Les personnes du commun portaient le même vêtement un peu partout dans les Andes, leur appartenance ethnique étant signalée avant tout par la coiffure et le bonnet. Les Incas portaient les cheveux ras, tandis que les Incas de privilège (cf. L'élite inca, chap. III) les portaient très longs, comme les *Qulla*. La coiffure féminine semble avoir moins varié : un peu partout, les femmes portaient les cheveux longs, rabattus vers l'arrière, avec une raie au milieu. Les Incas arboraient comme coiffe distinctive une bande de laine enroulée plusieurs fois autour de la tête (*llawt'u*). Certaines nations pratiquaient la déformation crânienne : les *Qulla* se faisaient pousser un crâne long et pointu, de façon à ce qu'il s'ajuste à leur bonnet qui avait la même forme. Les *Kañari*, par contre, avaient la tête aplatie.

Le vêtement masculin ordinaire consistait en un pagne (*wara*) **et une tunique sans manches** (*unku*) arrivant jusqu'au dessus du genoux, ainsi qu'en une cape rectangulaire (*yaqulla*), que l'on portait lorsqu'on voulait se protéger du froid ou dans des occasions cérémonielles. L'*unku* était en coton sur la côte et en laine dans les Andes. C'était un vêtement extrêmement ancien, les exemplaires les plus vieux qui nous soient parvenus datant du milieu du premier millénaire av. J.-C. Hommes et femmes chaussaient des sandales ou des mocassins. **Les femmes portaient une robe (*aqsu*) et une cape (*lliklla*)** analogue à celle des hommes. La robe était une grande pièce de tissu rectangulaire qu'elles portaient enroulée autour du corps. Une ceinture finement ouvragée (*chumpi*) leur ceignait la taille et deux fibules à tête en forme de disque (*tupu*) servaient à tenir la robe sur le devant des épaules. Ce vêtement pouvait ainsi facilement être ouvert au niveau de la poitrine pour donner la tétée à l'enfant. Une autre épingle (*t'ipki*), plus courte, permettait d'accrocher la cape sur le devant lorsque celle-ci n'était pas maintenue sur la poitrine par un noeud. Les cheveux étaient partiellement tenus par un bandeau (*wincha*). Les femmes incas se couvraient la tête avec une pièce de tissu pliée en trois ou en quatre dans le sens de la longueur (*ñañaqa*), de sorte qu'un extrême était posé sur leur tête tandis que l'autre pendait dans le dos. Lorsque le soleil était fort, elles le dépliaient en une sorte de mantille. Tunique, cape et robe étaient généralement noires ou marrons, dans la sierra, et blanches sur la côte où elles étaient en coton. La trame, l'orientation du décor et l'ouverture du col de la tunique étaient verticales dans le vêtement masculin et horizontales dans le vêtement féminin. Le vêtement matérialisait ainsi visuellement un des aspects fondamentaux du dualisme andin, celui qui faisait de l'homme et de la femme un couple d'opposés complémentaires.

Les vêtements n'étaient pas fabriqués à partir de pièces de tissu découpées et cousues mais entièrement composés sur le métier à tisser, y compris les ornements et les franges. L'objectif du tisserand était de produire un objet achevé, car un habit ne pouvait être coupé. Les données ethnographiques modernes suggèrent en effet que **les habits et même les sacs et les sacoches étaient considérés comme des êtres vivants**, comme d'ailleurs la maison et d'autres entités que nous considèrerions comme inanimées. La nomenclature des parties du vêtement semble confirmer cette perception : une tunique, par exemple, comportait un « cœur », une « bouche », des « viscères », des « fesses », etc. Des ethnologues ont remarqué qu'on exprime parfois aujourd'hui l'idée selon laquelle un sac « est » un crapaud, une corde un serpent et une fronde un lézard. Les tisserands andins devaient donc concevoir tous les aspects du vêtement qu'ils souhaitaient réaliser avant de commencer leur ouvrage : taille, forme, proportions et composition. Même l'*unku* était fait d'une seule pièce de tissu et l'ouverture pour la tête se faisait sur le métier à tisser. Il n'existait presque aucune variété de formes dans l'habillement. Ainsi, **nobles et gens du commun se distinguaient par la qualité du tissu de leurs vêtements**, les premiers étant habillés d'*awasqa* et les seconds de *qumpi* (cf. Textile, chap. VIII). **Les habitants du *Tawantinsuyu* dormaient tout habillés et ne lavaient pas leurs vêtements mais en changeaient périodiquement.** Les fêtes étaient l'occasion de mettre temporairement des habits plus colorés. L'Inca ne portait jamais le même habit plus d'une journée car il l'offrait ensuite à un seigneur auquel il souhaitait faire honneur. **Les deux sexes portaient des bijoux.** Les

Incas arboraient des ornements d'oreille cylindriques, d'environ 5 centimètres de diamètre, qui leurs déformaient les lobes. Cela leur valut d'être appelés « oreillards » (*orejones*) par les Espagnols. Les hommes d'un certain rang portaient aussi des bracelets et des disques de métal au cou ou sur la tête. Les femmes ne portaient rien aux oreilles, seulement des colliers et des fibules.

JEUX ET DIVERTISSEMENTS

Les sujets de l'Inca pratiquaient peu d'activités récréatives dissociées de la vie économique et rituelle. La principale occasion de réjouissances était le travail en commun, puisque quiconque invitait un groupe de personnes à accomplir un labeur se devait de leur offrir un bon repas et de la bière de maïs en abondance. Le labour lui-même, lorsqu'il était collectif, se faisait en chantant. **Le travail n'était donc pas conçu comme une peine ou un châtiment mais comme une fête.** Il était l'occasion de resserrer les liens entre membres d'un même *ayllu*, l'alcool ouvrant les cœurs et rapprochant les hommes. Une même activité intégrait ainsi des fonctions économique, sociale, symbolique et ludique. **La danse occupait également une grande place dans la vie des sujets de l'Inca**: les cérémonies par lesquelles on honorait une divinité, un ancêtre, un seigneur ou l'Inca consistaient au premier chef à danser devant lui au son d'une grande variété de flûtes, de conques, de tambours, de sonnailles et de clochettes – on ne connaissait pas d'instrument à cordes –, parfois avec des costumes et des masques très élaborés.

Le jeu le plus populaire dans le Pérou ancien était la *pichqa*. Il se jouait avec un dé en pierre ou en bois peint et en forme de pyramide tronquée appelé *pichqa* « cinq ».

La face la plus petite portait une croix et valait cinq points. Les quatre faces de même surface valaient de un à quatre points représentés par des raies parallèles. Les participants, constitués en deux équipes, jetaient le dé chacun à son tour et déplaçaient des jetons (souvent des haricots de différentes couleurs) sur un tablier de bois comportant cinq sections qui comptaient chacune 10, 20, 30, 40 et 50 points. Ceux-ci étaient comptabilisés au moyen de grains de maïs de deux couleurs différentes pour chacune des équipes.

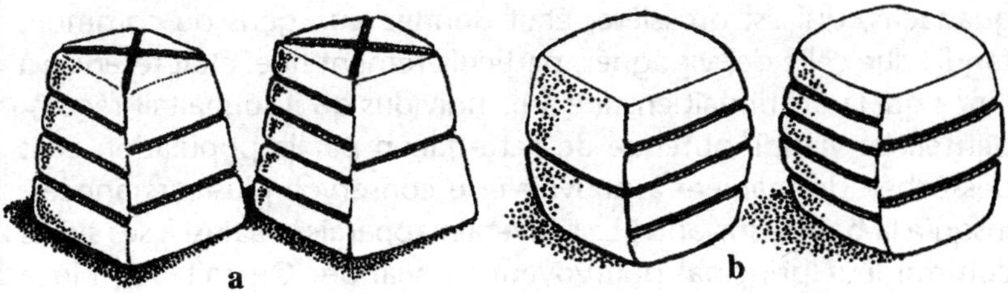

Dés en bois trouvés à Pachacamac (Chinchaysuyu)

Chaque fois que l'une d'elles parvenait à un pointage supérieur à celui de l'autre, les vainqueurs s'exclamaient *misayki !* « nous avons égalé votre couleur ! ». Le jeu continuait jusqu'à ce qu'une des deux parties ait pris six fois le dessus sur l'autre. La *pichqa* faisait parfois l'objet d'un enjeu, les participants jouant alors des cochons d'Inde, du bétail ou des tissus. Dans des circonstances rituelles, le jeu de la *pichqa* pouvait également servir de moyen de divination. Les forces qui étaient convoquées à l'occasion du rite étaient alors censées agir sur la position dans laquelle tombait le dé, ce qui permettait de connaître, à l'issue de la séance, les rapports existant à ce moment entre les forces invisibles. Cette utilisation de la *pichqa* avait lieu dans des moments critiques de transition entre deux périodes, comme le début de la saison des pluies ou les premiers jours après un décès. C'était en effet le jeu favori pendant les cinq nuits de veillées funéraires.

Il était interdit aux gens du commun de chasser librement les cervidés, la vigogne et le guanaco. **L'Inca ou ses représentants organisaient tous les quatre ans environ une grande battue** (*chaku*) à laquelle participait l'ensemble des villageois. Il s'agissait à la fois d'un exercice pour la noblesse, qui y jouait un rôle prééminent, d'un amusement pour le peuple qui y participait et d'une façon, pour tous, de consommer de la viande. Des milliers de personnes formaient un cercle de plusieurs kilomètres de circonférence et avançaient vers son centre en faisant du bruit afin d'acculer les animaux en un espace restreint. Au fur et à mesure qu'on avançait, on tuait les pumas, les ours, les renards et les chats sauvages. On laissait échapper les femelles des cervidés, ainsi que les males reproducteurs. Les autres males étaient abattus et leur chair distribuée à tous les participants. On attrapait les vigognes et les guanacos que l'on tondait avant d'en relâcher la plupart. D'autres étaient tués et leur chair également répartie entre les familles. La laine des guanacos, qui est grossière, était donnée aux gens du commun, tandis que celle des vigognes, particulièrement fine, était réservée à l'Inca qui la distribuait ensuite aux individus qu'il souhaitait récompenser. La viande obtenue de cette façon par la population était desséchée de manière à pouvoir être conservée plusieurs années, jusqu'à la battue suivante. Le souverain apparaissait ainsi à ses sujets comme leur principal pourvoyeur de viande. On sait que l'Inca *Manqu* (cf. Crise de succession et conquête espagnole, chap. I) organisa un *chaku* en l'honneur de Francisco Pizarro réunissant 10 000 personnes qui piégèrent quelques 11 000 animaux.

REPÈRES BIOGRAPHIQUES

ATAW WALLPA

Souverain inca (ca. 1503-1533), fils de *Wayna Qhapaq* et d'une de ses épouses secondaires. En 1530, il prend la tête d'un soulèvement contre son frère *Waškar*. La base de son pouvoir est Quito – où il a grandi –, mais plusieurs nations de l'empire, comme les *Chincha*, se rallient à lui. Capturé par les *Kañari* de *Tumipampa*, restés loyaux à *Waškar*, il s'échappe, réunit ses troupes et inflige à l'armée de son frère une défaite retentissante près de *Tumipampa* qu'il ordonne de raser. Après une série de victoires remportées sur *Waškar*, *Ataw Wallpa* rencontre à Cajamarca l'expédition de Francisco Pizarro qui le fait prisionnier le 16 novembre 1532. Le 26 juillet 1533, il est garroté par les Espagnols.

GARCILASO DE LA VEGA

Nom littéraire de l'écrivain et historien métis Gómez Suárez de Figueroa (1539-1616), fils illégitime d'un conquérant espagnol, le capitaine Sebastián Garcilaso de la Vega, et de Isabel Chimpu Ocllo, petite fille de *Thupa Inka*. À l'âge de vingt ans, Garcilaso part en Espagne pour solliciter du Conseil des Indes une récompense pour les services rendus à la Couronne par son père au Pérou. N'ayant rien obtenu – son père est accusé d'avoir collaboré avec le rebelle Gonzalo Pizarro –, Garcilaso s'illustre dans la campagne militaire des Alpujarras (1569-1570) où il obtient le titre de capitaine. Puis il abandonne les armes pour les lettres et publie à Madrid, en 1590, une traduction espagnole des *Dialogues d'amour* du platonicien italien Léon l'Hébreu. En 1605, il publie un roman, *La Florida* (1605), puis, en 1609, ses fameux *Commentaires royaux des Incas* (1609) et, enfin, *La conquista del Perú* (1617). Garcilaso écrit les *Commentaires* pour corriger les récits des conquérants et des historiens espagnols au sujet des Incas, qu'il juge souvent erronés, et pour réhabiliter le monde incompris et méprisé de ses ascendants maternels. Il s'appuie sur les récits qu'il a entendus dans la famille de sa mère, ralliée à *Pawllu* et aux Espagnols, utilise abondamment la chronique perdue de Blas Valera, métis comme lui, ainsi que de nombreux documents qui lui parviennent du Pérou. En raison de sa condition de descendant des Incas, Garcilaso a longtemps joui d'une immense crédibilité. Mais les *Commentaires* sont à utiliser avec précaution. Leur auteur exalte la bienveillance des Incas et travestit leur religion en un quasi monothéisme solaire. Le culte du Soleil correspond pour lui à une catégorie supérieure d'idolâtrie, cet astre étant la créature la plus utile aux hommes et à la nature. Pour Garcilaso, bien que le culte de ce dieu concret et visible soit « faux », sa propagation par les Incas est un effet de la Providence qui a voulu préparer moralement et religieusement les Péruviens – qui se consacraient auparavant au culte de créatures inférieures – à l'adoration d'un dieu abstrait et invisible, créateur du monde et tout puissant. Son apologie de la civilisation inca conduit Garcilaso à de nombreuses manipulations, par exemple celle qui fait de l'Inca *Wiraqucha*, au lieu de *Pachakuti*, le triomphateur des Chancas.

MANQU INKA

Fils de *Wayna Qhapaq*, *Manqu Inka Yupanki* nait vers 1515. Lorsque les Espagnols arrivent à Cuzco, en novembre 1533, il s'appuie sur eux pour établir son pouvoir sur le *Tawantinsuyu*. Reconnu comme Inca par Pizarro il remporte une série de victoires contre les troupes de Quito. Il se retrouve cependant bientôt dans le rôle de fantoche des Espagnols. En 1536, il se soulève contre eux et assiège Cuzco où les Chrétiens sont retranchés. L'échec de ce siège contraint *Manqu* et une partie des Incas à se retirer dans la cordillère de Vilcabamba, au nord de la capitale. Il y meurt en 1544 ou 1545 assassiné par un partisan espagnol de Diego de Almagro – conquistador rival de Pizarro – auquel il avait donné asile.

MANQU QHAPAQ

Ancêtre des Incas et premier souverain de Cuzco. Si *Manqu Qhapaq* peut être considéré d'une certaine façon comme un personnage historique – les Incas conservèrent sa momie jusqu'au milieu du XVIe siècle –, les faits qui lui sont attribués par la tradition semblent avoir été presque entièrement recouverts par le mythe. Sorti avec ses trois frères et quatre soeurs – dont son épouse *Mama*

Uqllu – de la caverne de *Tampu T'uqu* (appelée aussi *Paqariq Tampu*), aux lendemains du Déluge, *Manqu Qhapaq* aurait conduit les siens jusqu'à la vallée de Cuzco où ils se seraient installés sur le site du futur Enclos Doré (*Qurikancha*). Il est le fondateur du lignage Chima Panaca.

PACHAKUTI (INKA YUPANKI)

Souverain inca (XVe siècle), fils de *Wiraqucha*. *Inka Yupanki* profite d'une victoire qu'il a remportée contre les Chancas, qui avaient attaqué Cuzco, pour évincer du pouvoir son père et le successeur que celui-ci s'était désigné. Il assume alors la royauté sous le nom de *Pachakuti* (« Retour d'Époque »). Il conquiert de vastes territoires au nord-ouest de Cuzco, transforme la capitale (ouvrages de canalisation et de distribution des eaux), reconstruit l'Enclos Doré (*Qurikancha*) et réorganise la mémoire historique apparaissant désormais comme le véritable fondateur de l'empire. *Pachakuti* meurt très âgé, peut-être à plus de 80 ans. Il est le fondateur du lignage Iñaca Panaca.

PAWLLU THUPA

Souverain inca (ca. 1518-1549), fils de *Wayna Qhapaq* et d'*Añas Qullqi*, une femme de l'élite des *Waylla*. Il occupe une place importante à Cuzco lorsque *Manqu Inka* devient roi. Il remplace temporairement le souverain lorsque celui-ci s'absente de Cuzco pour accompagner Francisco Pizarro et Hernando de Soto dans leurs déplacements de 1534. À son retour dans la capitale, *Manqu* envoie *Pawllu* à la tête d'une armée qui part de Cuzco en juillet 1535 pour accompagner Diego de Almagro dans son expédition au Chili. En juillet 1537, après le repli de *Manqu* sur Vilcabamba, *Pawllu* lui succède à Cuzco grâce à l'appui de Diego de Almagro qu'il aide contre la faction pizarriste en mettant à sa disposition des soldats. Baptisé en 1543 sous le nom de Cristóbal, en honneur du gouverneur Cristóbal Vaca de Castro, *Pawllu* avait appris l'espagnol, à lire, à écrire et à monter à cheval.

ŠAYRI THUPA

Souverain inca (?-1561), fils de *Manqu Inka*. Il succède à son père à la tête de la résistance de Vilcabamba en 1545. Après une longue négociation, *Šayri Thupa* abandonne Vilcabamba le 5 janvier

1558 et se rend à Lima accompagné d'une suite de 200 personnes pour y rencontrer le vice-roi qui le reçoit avec les plus grands honneurs. *Šayri Thupa* obtient un riche domaine à Yucay, près de Cuzco, où il se retire et demeure jusqu'à sa mort.

T'ITU KUŠI

Souverain inca (ca. 1529-1571-1572), fils de *Manqu Inka.* En 1537, *T'itu Kuši Yupanki* est emmené par son père lorsque celui-ci se retire à Vilcabamba. En 1539, il est capturé par Gonzalo Pizarro lors d'une expédition contre Vilcabamba et ramené à Cuzco où il passe quatre années sous la tutelle d'un Espagnol. *T'itu Kuši* en gardera une certaine connaissance de la culture des conquérants. *Manqu Inka* parvient finalement à le faire enlever et ramener à Vilcabamba. En 1558, il succède à *Šayri Thupa* à la tête de la résistance inca. Avec la collaboration de son secrétaire métis, Martín de Pando, et de Marcos García, un augustin que *T'itu Kuši* a admis à Vilcabamba, il compose entre 1569 et 1570 une *Instruction pour le licencié Lope García de Castro, gouverneur du Pérou.* Ce document écrit en espagnol et qui correspond à une demande du gouverneur vise à faire parvenir au roi d'Espagne les demandes de *T'itu Kuši* en l'échange de son éventuelle reddition. Il nous livre un point de vue inca – quoique rédigé par un moine espagnol – sur les événements des années 1532-1570.

THUPA AMARU

Souverain inca (?-1572), fils de *Manqu Inka.* En juin 1572 il succède à *T'itu Kuši* à la tête de Vilcabamba. Capturé par les Espagnols le 24 août de la même année, il est décapité le 22 ou le 23 septembre 1572 sur la place principale de Cuzco.

THUPA INKA

Souverain inca (seconde moitié du XVe siècle), fils de *Pachakuti. Thupa Inka Yupanki* conquiert l'actuel Équateur où il fonde les villes de *Tumipampa* et de Quito, ainsi qu'une partie des Andes des actuelles républiques de Bolivie, d'Argentine et du Chili. Il ne succède pleinement à son père que tardivement, lorsque *Pachakuti* décède à un âge avancé. Il construit la plus grande partie de la forteresse de *Saqsaywaman*, qui domine Cuzco. Il est le fondateur du lignage de *Qhapaq Ayllu*.

WAŠKAR

Souverain inca (ca. 1507-1533), fils de *Wayna Qhapaq*. Arrivé au pouvoir au milieu ou à la fin des années 1520, il affronte le soulèvement de plusieurs nations de l'empire qui se sont rangées derrière son demi-frère *Ataw Wallpa*. Après une série de défaites calamiteuses, il est capturé près de Cuzco en 1532 par un général d'*Ataw Wallpa* qui l'emmène vers le nord, où réside son demi-frère. Mais *Ataw Wallpa* ayant été pris en otage par les Espagnols, il donne l'ordre de faire exécuter son rival près de *Hatun Šawša*, en janvier ou février 1533.

WAYNA QHAPAQ

Souverain Inca (?-1524-1529), fils de *Thupa Inka*. Né près de la frontière nord de l'empire, alors que son père était engagé dans les guerres de Quito. Choisi par *Thupa Yupanki* pour lui succeder, *Wayna Qhapaq* accède au pouvoir suprême vers la fin du XVe siècle. Afin de renouveler les relations établies par ses prédécesseurs avec les seigneurs locaux, il entreprend très vite une inspection personnelle et générale de son empire et écrase plusieurs rebellions, notamment celle, de très grande ampleur, des peuples de l'extrême nord, les Cayambis, les Caranguis et les Pastos. Il conquiert les *Chachapuya* et passe les douze dernières années de son règne dans le nord, à *Tumipampa* qu'il reconstruit et agrandit. Le palais de *Pumapunku*, qu'il y fait édifier, est le plus grand palais inca existant. Il consacre une grande partie de son règne à l'administration de l'empire et meurt à Quito, victime d'une épidémie de variole introduite par les Européens. Il est le fondateur du lignage appelé *Tumipampa* qu'Ataw Wallpa ordonna de massacrer et dont peu de membres survécurent.

WIRAQUCHA

Souverain inca (début du XVe siècle). Conquérant des *Qulla*, *Wiraqucha* semble être le véritable initiateur de l'expansion impériale. Ses conquêtes auraient été oblitérées par son fils *Pachakuti* qui l'aurait évincé du pouvoir à la suite de sa victoire contre les Chancas. Selon l'histoire officielle, *Wiraqucha* aurait abandonné Cuzco attaqué par les Chancas pour se réfugier dans son domaine de *Qhaqya Šaqšawana*. *Pachakuti* aurait alors pris la tête de la résistance, triomphé des Chancas et assumé le pouvoir, assignant son père à résidence définitive dans son domaine campagnard. *Wiraqucha* est le fondateur du lignage Çoçço Panaca.

GLOSSAIRE

aklla (« choisie »). Consacrées au Soleil et à l'Inca, les « femmes choisies » vivaient recluses dans des « maisons de femmes choisies » (*akllawasi*) où elles filaient, tissaient et fabriquaient de la bière de maïs pour les festivités par lesquelles l'État remerciait les travailleurs ayant accompli leur corvée.

Antisuyu (« Bande des *Anti* »). Désignait par métonymie la partie de l'empire inca qui s'étendait au nord et à l'est de Cuzco, les *Anti* étant un peuple amazonien inclus dans cette région.

ayllu. Lignage se réclamant d'un ancêtre ayant fondé ou conquis le territoire exploité par ses descendants. Généralement traduit dans les sources anciennes comme « faction » (*parcialidad*) ou « parentèle » (*parentela*).

chaski (« qui passe de main en main »). Installés à intervalles réguliers sur les routes, les *chaski* étaient chargés de se passer les uns aux autres des messages ou de petits objets jusqu'à les faire parvenir à leur destinataire.

Chinchaysuyu (« Bande des *Chincha* »). Désignait par métonymie la partie de l'empire inca qui s'étendait au nord-ouest de Cuzco, les *Chincha* étant un peuple de cette région,.

Inca (*inka*). Groupe ethnique se réclamant d'un couple d'ancêtres communs, *Manqu Qhapaq* et *Mama Uqllu*, et occupant la vallée de Cuzco.

Kuntisuyu (« Bande des *Kunti* »). Désignait par métonymie la partie de l'empire inca qui s'étendait au sud-ouest de Cuzco, les *Kunti* étant l'un des peuples de cette région.

kuraka. **1**. Aîné. **2**. *fig.* Cacique exerçant son autorité sur un *ayllu*, un *llaqta* ou un groupe de dix, cent ou mille foyers.

llaqta. Ensemble de lignages placés sous l'autorité d'un cacique principal (*apu kuraka*) et identifié à un *wak'a* tutélaire, généralement traduit dans les sources anciennes comme « province » (*provincia*) ou « nation » (*nación*). Le sens de « village » que ce terme a aujourd'hui en quechua ne semble remonter qu'à l'époque coloniale.

mallki. **1.** Tout végétal planté ou destiné à être transplanté. **2.** *fig.* Ancêtre fondateur d'un *ayllu* et de son territoire (métaphoriquement planté dans celui-ci et y produisant des fruits qui sont ses descendants).

mitma. **1.** Étranger (au lieu où il est établi), traduit comme *advenedizo* dans les sources anciennes. **2.** Colons transplantés par les Incas dans une autre province pour des motifs économiques ou politiques.

mit'a. **1.** Fois, tour, roulement, saison. **2.** Corvée accomplie périodiquement par un foyer pour son cacique ou pour l'Inca.

paqarina (« lieu d'apparition »). Endroit (caverne, arbre, source, sommet d'une montagne, etc.) où l'ancêtre fondateur d'un *ayllu* était apparu en ce monde en sortant de l'intérieur de la terre ou en descendant du ciel. Les *paqarina* étaient d'importants lieux de commémoration.

puna. Zone froide située entre 3500-3700 m et 5000 m, domaine de la culture des tubercules et de l'élevage.

qhapaq hucha (« dette du roi » ou « grand don »). Acte d'offrande incluant des sacrifices d'enfants et impliquant théoriquement l'ensemble de la population de l'empire, que l'on réalisait dans des circonstances critiques pour l'Inca.

qhichwa. Zone tempérée située entre 1500-2800 m et 3500-3700 m selon les lieux, domaine de la culture du maïs dans les hautes terres

quipou (*khipu*) (« nœud, noué »). Système d'écriture constitué de cordelettes portant des nœuds de différentes couleurs et noués de différentes façons. Les quipous permettaient non seulement de comptabiliser des biens et des services mais aussi d'enregistrer des textes narratifs.

Qullasuyu (« Bande des *Qulla* »). Désignait par métonymie la partie de l'empire inca qui s'étendait au sud de Cuzco, à l'intérieur de laquelle se trouvaient les *Qulla*, avec lesquels les Incas avaient eu longtemps des relations de rivalité.

supay. Âme sortie du corps, particulièrement celle du défunt lorsqu'il rôde dans les lieux habités par les vivants. Identifié à l'époque coloniale au Démon.

Tawantinsuyu (« Les quatre bandes réunies »). Nom que les Incas donnaient à leur empire.

wak'a. Homme des temps primordiaux s'étant transformé en un élément « naturel », souvent une montagne, à la faveur d'un événement extraordinaire dont il fut le protagoniste. Dans le présent, le *wak'a* personnifie l'espace sauvage entourant le village, à la fois dangereux et utile puisque c'est dans ses sources et ses lacs que prennent naissance les canaux d'irrigation. Il est également matérialisé par une pierre transportable à laquelle on rend un culte.

wank'a. Rocher produit de la lithomorphose d'un ancêtre fondateur d'*ayllu*.

yana. Personne détachée de sa communauté d'origine et se consacrant entièrement au service d'un seigneur ou de l'Inca qui pourvoit à la totalité de ses besoins.

yunka. Zone chaude située en dessous de 1500 ou 2800 m, selon les endroits, domaine des cultures tropicales (courge, calebasse, coton, piment, coca, etc.).

ORIENTATION BIBLIOGRAPHIQUE

Sauf quelques ouvrages généraux, les travaux significatifs sur les Incas publiés en français sont rares, l'essentiel de la recherche dans ce domaine étant publiée en espagnol et en anglais. Dans cette bibliographie figure la plupart des publications en français consacrées aux Incas et un choix obligatoirement très partiel de publications en anglais et en espagnol. Les revues qui ont publié le plus frequemment des articles consacrés aux Incas dans les années 1990 et 2000 sont : *American Antiquity* et *Latin American Antiquity* (Washington, Society for American Archaeology), *Ethnohistory* (American Society for Ethnohistory), *Tawantinsuyu* (Canberra, Australian National University), le *Bulletin de l'Institut Français d'Études Andines* (Lima) et le *Boletín de Arqueología* (Lima, Pontificia Universidad Católica del Perú). Le *Journal de la Société des Américanistes* (Paris) a publié un numéro spécial consacré à l'ethnohistoire des Andes (1974-1976 t. LXIII : 15-198), et la revue *Annales* (Paris, CNRS-EHESS) un autre, consacré à l'anthropologie historique des sociétés andines (33e année, nos 5-6, septembre-décembre 1978).

Sources primaires

ACOSTA (José de), *Histoire naturelle et morale des Indes occidentales*, Payot, Paris, 1979. – Publié en 1589 à Séville.

BETANZOS (Juan de), *Suma y narración de los Incas*, Atlas, Madrid, 1987. – Rédigé en 1551.

CASTRO (Cristóbal de), y Diego de ORTEGA MOREJÓN, « Relación y declaración del modo que este valle de Chincha... », dans *Historia y Cultura* 8, 1974, p. 91-104. – Rédigé en 1558.

CIEZA DE LEÓN (Pedro), *Crónica del Perú. Segunda parte*, Pontificia Universidad Católica del Perú, Lima, 1996. – Rédigé en 1553.

COBO (Bernabé), *Historia del Nuevo Mundo*, Madrid : Atlas, 1964. – Achevé en 1653.

DÍEZ DE SAN MIGUEL (Garcí), *Visita hecha a la provinvia de Chucuito por Garci Díez de San Miguel en el año 1567*, Casa de la Cultura del Perú, Lima, 1964.

DUVIOLS (Pierre), « Un inédit de Cristóbal de Albornoz: la 'Instrucción para descubrir todas las guacas del Pirú y sus camayos y haziendas' », dans *Journal de la Société des Américanistes* LVI-I, 1967, p. 7-39.

– *Procesos y visitas de idolatrías. Cajatambo siglo XVII*, Institut Français d'Etudes Andines – Pontificia Universidad Catolica del Perú, Lima, 2003.

ESTETE (Miguel de), *La relación del viaje que hizo el señor Capitán Hernando Pizarro...*, Historia 16, Madrid, 1967. – Rédigé en 1532-1533.

GARCILASO DE LA VEGA, *Commentaires royaux sur le Pérou des Incas*, La Découverte poche, Paris, 2000. – Publié en 1609 à Lisbonne.

HUAMAN POMA DE AYALA (Felipe), *Nueva Corónica y Buen Gobierno* (Codex péruvien illustré), Institut d'Ethnologie, Paris, 1936. – Achevé en 1615.

JEREZ (Francisco de), *La conquête du Pérou (1534)*, Métailié, Paris, 1982.

MOLINA (Cristóbal de), « Relación de las fábulas i ritos de los Ingas... », *Fábulas y mitos de los incas*, Historia 16, Madrid, 1989. – Rédigé vers 1575.

ORTIZ DE ZÚÑIGA (Íñigo), *Visita de la Provincia de León de Huánuco en 1562*, Universidad Nacional Hermilio Valdizán, Huánuco, 1967-1972.

PACHACUTI YAMQUI SALCAMAYGUA (Juan de Santa Cruz), *Relación de antigüedades deste reyno del Pirú*, Institut Français d'Études Andines - Centro de Estudios Regionales Andinos 'Bartolomé de Las Casas', Lima, 1993. – Rédigé dans le premier tiers du XVIIe siècle.

PIZARRO (Pedro), *Récit de la découverte et de la conquête des royaumes du Pérou*, Éditions du Félin, Paris, 1992. – Rédigé en 1571.

POLO DE ONDEGARDO (Juan), « Instrvcion contra las Cerimonias y Ritos que vsan los Indios conforme al tiempo de su infidelidad », dans *Doctrina Christiana y catecismo para instrvccion de los Indios*, Consejo Superior de la Investigación Científica, Madrid, 1985, p. 253-262. – Extraits publiés en 1585 à Lima d'une chronique perdue, rédigée en 1559.

– « Notables daños de no guardar a los Indios sus fueros », dans L. González y A. Alonso (ed.), *El mundo de los Incas*, Historia 16, Madrid, 1990. – Rédigé en 1571.

Ramírez (Baltasar), « Descripción del reyno del Piru... », dans H. Trimborn, *Quellen zur kulturgeschichte des praekolumbischen Amerika*, Stuttgart, 1936, p. 10-68. – Rédigé en 1597.

Sancho (Pedro), *La relación de Pero Sancho*, Plus Ultra, Buenos Aires, 1986. – Rédigé en 1543.

Sarmiento de Gamboa (Pedro), *Historia de los Incas*, Miraguano Ediciones – Ediciones Polifemo, Madrid, 1988. – Rédigé en 1572.

Taylor (Gerald), *Rites et traditions de Huarochirí : manuscrit quechua du début du XVIIe siècle*, L'Harmattan, Paris, 1980. – Édition et traduction française d'un traité anonyme rédigé vers 1608 par un indigène sur les traditions rituelles et mythologiques de sa province. Ce texte constitue l'une de nos principales sources sur la religion et la mythologie andines anciennes. Le même auteur en propose une nouvelle édition avec traduction espagnole ainsi qu'une étude préliminaire et des notes plus complètes dans *Ritos y tradiciones de Huarochirí*, Instituto Francés de Estudios Andinos – Banco Central de Reserva del Perú – Universidad Particular Ricardo Palma, Lima, 1999.

Titu Cussi Yupangui, *Ynstruçion del ynga don Diego de Castro Titu Cussi Yupangui para el muy ilustre señor el liçençiado Lope Garçia de Castro, governador que fue destos reynos del Piru...*, Ediciones El Virrey, Lima, 1985. – Achevé en 1570.

Ouvrages et articles généraux

Baudin (Louis), *L'empire socialiste des Incas*, Institut d'Ethnologie, Paris, 1928. – Ouvrage dépassé mais qui témoigne de l'idée qu'on se faisait de l'empire inca au début du XXe siècle.

Bouchard (Jean-François) et Itier (César), *Les Incas, maîtres des Andes*, Sélection du Reader's Digest, Paris, 2000.

Cavatrunci (Claudio), Longhena (María) et Orefici (Giuseppe), *Pérou des Incas*, Larousse, Paris, 2005. – Vaut surtout pour son iconographie.

D'Altroy (Terence N.), *The Incas*, Blackwell, Malden (Mass.), 2002. – Le meilleur ouvrage de synthèse existant en anglais. Traduit en espagnol : *Los Incas*, Ariel, Madrid, 2003.

FAVRE (Henri), *Les Incas*, Presses Universitaires de France, « Que sais-je ? », Paris, 1972. – Bon ouvrage de synthèse mais les connaissances ont beaucoup progressé depuis sa parution.

LAVALLÉE (Danièle) et LUMBRERAS (Luis Guillermo), *Les Andes : de la préhistoire aux Incas*, Univers des formes, Paris, 1985. – La meilleure synthèse existant en français sur le Pérou ancien avant les Incas.

MUSÉES ROYAUX D'ART ET D'HISTOIRE, *Inca – Perú. 3000 ans d'histoire*, Imschhot, uitgevers, Gent,1990.

LONGHENA (María) et ALVA (Walter), *Les Incas : les civilisations andines, des origines aux Incas*, Gründ, Paris, 1999. – Vaut surtout pour son iconographie.

ROWE (John), « Inca culture at the time of the Spanish conquest », dans *Handbook of South American Indians*, vol. 2.,Washington, 1946, p. 183-330.

ARCHÉOLOGIE

BAUER (Brian S.), *The Development of the Inca State*, University of Texas Press, Austin, 1992.

– *The Sacred Landscape of the Inca: The Cusco Ceque System*, University of Texas Press, Austin, 1998.

– *Ancient Cuzco : heartland of the Inca*, University of Texas Press, Austin, 2004.

BAUER (Brian S.) and DEARBORN (David S.P.), *Astronomy and empire in the ancient Andes : the cultural origins of Inca sky watching*, University of Texas Press, Austin, 1995.

BAUER (Brian) and STANISH (Charles), *Ritual and Pilgrimage in the Ancient Andes. The Islands of the Sun and the Moon*, University of Texas Press, Austin,2001.

BINGHAM (Hiram), *La fabuleuse découverte de la cité perdue des Incas*, Pygmalion, Paris, 1989.

BOUCHARD (Jean-François), *Contribution à l'étude de l'architecture inca. Établissements de la vallée du Rio Vilcanota-Urubamba*, Éditions de la Maison des Sciences de l'Homme, Paris, 1983.

– *Architectures pré-colombiennes. L'Amérique andine*, Éditions du Rocher, Paris, 1988.

D'ALTROY (Terence N.), *Provincial power in the Inka empire*, Smithsonian Institution Press, Washington, 1992.

GASPARINI (Graziano) y MARGOLIES (Luise), *Arquitectura inka*, Universidad Central de Venezuela, Caracas,1977.

HOCQUENGHEM (Anne-Marie), « Frontera entre 'áreas culturales' nor y centroandinas en los valles y la costa del extremo norte peruano », dans *Bulletin de l'Institut Français d'Études Andines* 20(2), 1991, p. 309-348.

– « Rutas de entrada del *mullu* en el extremo norte del Perú », dans *Bulletin de l'Institut Français d'Études Andines* 22(3), 1993, p. 701-719.

– « Una edad de bronce en los Andes centrales. Contribución a la elaboración de una historia ambiental », dans *Bulletin de l'Institut Français d'Études Andines* 33(2), 2004, p. 271-329.

HORKHEIMER (Hans), *Alimentación y obtención de alimentos en el Perú prehispánico*, Instituto Nacional de Cultura, Lima, 2004 [1960].

HYSLOP (John), *The Inka Road System*, Academic Press, New York,1984.

– *Inka Settlement Planning*, University of Texas Press, Austin, 1990.

JULIEN (Catherine), *Hatunqolla: A View of Inca Rule from the Lake Titicaca Region*, University of California Press, Berkeley,1983.

LAVALLÉE (Danièle) et JULIEN (Michèle), *Les établissements asto à l'époque préhispanique*, Institut Français d'Études Andines, Lima, 1973.

LAVALLÉE (Danièle), *Promesse d'Amérique: la préhistoire de l'Amérique du Sud*, Hachette, Paris, 1995.

MALPASS (Michael A.) (ed.), *Provincial Inca: Archaeological and Ethnohistorical Assessment of the Impact of the Inca State*, University of Iowa, Iowa, 1993.

MALPASS (Michael A.), *Daily Life in the Inca Empire*, Greewood Press, Westport, CT, 1996.

MATOS MENDIETA (Ramiro), *Pumpu: Centro Administrativo Inka de la Puna de Junín*, Editorial Horizonte, Lima, 1994.

MORRIS (Craig) and THOMPSON (Donald), *Huánuco Pampa. An Inca City and its Hinterland*, Thames and Hudson, London, 1985.

NILES (Susan), *Callachaca: Style and Status in an Inca Community*, University of Iowa, Iowa City, 1999.

– *The Shape of Inca History. Narrative and Architecture in an Andean Empire*, University of Iowa Press, Iowa City, 1999.

PROTZEN (Jean-Pierre), *Inca Architecture and Construction at Ollantaytambo*, Oxford University Press, Oxford, 1993.

RAFFINO (Rodolfo), *Inka. Arqueología, historia y urbanismo del altiplano andino*, Corregidor, Buenos Aires, 1993.

REINHARD (John) et CERUTI (Constanza), *Investigaciones arqueológicas en el volcán Llullaillaco, complejo ceremonial incaico de alta montaña*, Universidad Católica de Salta, 2000.

WIENER (Charles), *Pérou et Bolivie*, Librairie Hachette, Paris, 1880.

Recherches historiques

BOUYSSE-CASSAGNE (Thérèse), *La identidad aymara. Aproximación histórica (siglos XV-XVI)*, HISBOL-IFEA, La Paz, 1987.

DUVIOLS (Pierre), *La lutte contre les religions autochtones dans le Pérou colonial. « L'extirpation de l'idolâtrie » entre 1532 et 1660*, Presses Universitaires du Mirail, Toulouse, 2008 [1971].

– « La capacocha : mecanismo y función del sacrificio humano, su proyección, su papel en la política integracionista y en la economía redistributiva del Tawantinsuyu », dans *Allpanchis Phuturinqa* 9, 1976, p. 11-57.

– « Huari y llacuaz. Agricultores y pastores. Un dualismo prehispánico de oposición y complementaridad », *Revista del Museo Nacional* XXXIX, 1973, p. 153-191.

– « 'Punchao', ídolo mayor del Coricancha. Historia y Tipología », *Antropología Andina* 1-2, 1976, p. 156-183.

– « Un symbolisme andin du double : la lithomorphose de l'ancêtre », *Congrès International des Américanistes* XLII-4, 1976, p. 359-363.

– « La guerra entre el Cuzco y los chanca ¿historia o mito? », *Revista de la Universidad Complutense* XXVIII, 117, 1980, p. 363-371.

– « Rituel et commémoration. L'opposition Inca/Alcauiza, prélude à la guerre contre les Chancas », *La commémoration. Colloque du centenaire de la section des sciences religieuses de l'Ecole Pratique des Hautes Etudes*, Peeters, Louvain-Paris, 1988, p. 275-285.

– « Del discurso escrito colonial al discurso prehispánico : hacia el sistema sociocosmológico inca de oposición y complementariedad », *Bulletin de l'Institut Français d'Études Andines* 26 (3), 1997, p. 279-305.

HEMMING (John), *La conquête des Incas*, Stock, Paris, 1971.

LAVALLÉ (Bernard), *Francisco Pizarro, Le Conquistador de l'extrême*, Biographie Payot, Paris, 2004.

MURRA (John V.), *Formaciones económicas y políticas del mundo andino*, Instituto de Estudios Peruanos, Lima, 1975.

– *La organización económica del estado Inca*, Siglo Veintiuno, México, 1978.

– *El mundo andino. Población, medio ambiente y economía*, Instituto de Estudios Peruanos, Lima, 2002.

PÄRSSINEN (Martti), *Tawantinsuyu: The Inca State and its Political Organization*, Societas Historica Finlandiae, Helsinki, 1992.

ROSTWOROWSKI DE DIEZ CANSECO (María), *Costa peruana prehispánica*, Instituto de Estudios Peruanos, Lima, 1989.

– *Ensayos de historia andina*, Instituto de Estudios Peruanos, Lima, 1993.

ROWE (John H.), « The Age Grades of the Inca Census », dans *Miscellanea Paul Rivet Octogenaria Dicata II. XXXI Congreso Internacional de Americanistas*, Universidad Nacional Autónoma de México, México, 1958, p. 499-522.

– *Los Incas del Cuzco. Siglos XVI – XVII – XVIII*, Instituto Nacional de Cultura, Cuzco, 2003.

SALOMON (Frank), *Native Lords of Quito in the Age of the Incas*, Cambridge University Press, Cambridge, 1986.

– « A North Andean Status Trader Complex under Inka Rule », dans *Ethnohistory* 34(1), 1987, p. 63-77.

LINGUISTIQUE ET PHILOLOGIE

CERRÓN-PALOMINO (Rodolfo), *Lingüística quechua*, Centro 'Bartolomé de Las Casas', Cuzco, 1987.

– *Lingüística aimara*, Centro 'Bartolomé de Las Casas', Lima, 2000.

– *Voces del Ande. Ensayos sobre onomástica andina*, Pontificia Universidad Católica del Perú, Liuma, 2008.

HEGGARTY (Paul), « Linguistics for Archaeologists : Principles, Methods and the Case of the Incas », dans *Cambridge Archaeological Journal* 17 :3, 2007, p. 311-340.

ITIER (César), « La tradición oral quechua antigua en los procesos de idolatrías de Cajatambo », dans *Bulletin de l'Institut Français d'Etudes Andines*, 21 (3), 1992, p. 1009-1051.

RIVET (Paul) et CRÉQUIS-MONTFORT (Georges de), *Bibliographie des langues aymarà et kičua. Vol. I (1540-1875)*, Institut d'Ethnologie, Paris, 1951.

TAYLOR (Gerald), « *Camay, camac* et *camasca* dans le manuscrit de Huarochiri », dans *Journal de la Société des Américanistes* LXIII, 1974-76, p. 231-244.

– « Supay », *Amerindia* 5, 1980, p. 47-63.

TORERO (Alfredo), *Idiomas de los Andes. Lingüística e historia*, Institut Français d'Études Andines – Editorial Horizonte, Lima, 2002.

Les *khipu*

ASCHER (Marcia), and ASCHER (Robert), *Code of the Quipu*, University of Michigan Press, Ann Arbor, 1981.

PÄRSSINEN (Martti), *Textos andinos. Corpus de textos* khipu *incaicos y coloniales*, t. 1 (together with Jukka Kiviharju), Universidad Complutense, Madrid, 2004.

URTON (Gary), *Signs of the Inka Khipu: Binary Coding in the Andean Knotted-String Records*, University of Texas Press, Austin, 2003. – Traduction espagnole: *Signos del Khipu Inka. Código Binario*, Centro 'Bartolomé de Las Casas', Cuzco, 2005.

Histoire de l'art

CUMMINS (Thomas B. F.), *Brindis con el Inca. La abstracción andina y las imágenes coloniales de los queros*, Universidad nacional Mayor de San Marcos – Embajada de los Estados Unidos de América – Universidad Mayor de San Andrés, Lima, 2004.

DESROSIERS (Sophie), « Les techniques de tissage ont-elles un sens ? Un mode de lecture des tissus andins », dans *Techniques et Culture* 12, 1988, p. 21-56.

HARCOURT (Raoul d') et HARCOURT (Marguerite d'), *La musique des Incas et ses survivances*, Ed. Paul Geuthner, Paris, 1925.

STONE-MILLER (Rebecca), *L'Art des Andes*, Thames and Hudson, Paris, 1996.

INDEX GÉNÉRAL

Les noms en caractères gras bénéficient d'une rubrique

INDEX DES NOMS DE PERSONNES ET DE DIVINITÉS

Les noms en caractères gras bénéficient d'une notice en annexe (repères biographiques).

INDEX DES TOPONYMES, ETHNONYMES ET NOMS DE CULTURE

Ce volume,
le vingt-sixième
de la collection « Guide Belles Lettres des Civilisations »
publié aux Éditions Les Belles Lettres
a été achevé d'imprimer
en septembre 2008
dans les ateliers
de l'imprimerie Jouve
11, boulevard de Sébastopol, 75001 Paris

N° d'édition : 6783
N° d'impression : 467831M
Dépot légal : octobre 2008
Imprimé en France